V&R

Ute Zander-Schreindorfer

Praxishandbuch systemisches Gesundheitscoaching

Grundlagen, Methoden und Anwendungsbeispiele

Mit 27 Abbildungen und einer Tabelle

Vandenhoeck & Ruprecht

Bibliografische Information der Deutschen Nationalbibliothek:
Die Deutsche Nationalbibliothek verzeichnet diese Publikation in der Deutschen Nationalbibliografie; detaillierte bibliografische Daten sind im Internet über https://dnb.de abrufbar.

Umschlagabbildung: Vicuschka/photocase.de

Satz: SchwabScantechnik, Göttingen
Druck und Bindung: ⊕ Hubert & Co. BuchPartner, Göttingen
Printed in the EU

Vandenhoeck & Ruprecht Verlage | www.vandenhoeck-ruprecht-verlage.com

ISBN 978-3-525-40755-4

Inhalt

Einleitung

»Bleiben Sie gesund« gehört seit Ausbruch der Coronapandemie zu den beliebtesten Abschiedsgrußformeln. In ungeahnter Weise steht die Gesundheit der Weltbevölkerung im Fokus der globalen Aufmerksamkeit. Das Interesse an Gesundheitscoaching ist auch ohne Corona in den letzten Jahren gewachsen, und mit Blick in die Zukunft werden uns Gesundheitserhaltungsprozesse auf vielen Ebenen, sei es persönlich, im beruflichen Raum, aber auch auf der gesellschaftspolitischen Ebene, in den nächsten Jahren weiter beschäftigen.

Mit diesem Buch möchte ich einen Beitrag leisten, um Berater*innen, Coach*innen, Fachexpert*innen und Führungskräfte in der Weiterentwicklung ihrer Beratungskompetenzen zu unterstützen. Dabei ist Gesundheitscoaching nicht nur ein wichtiges Feld für Coach*innen, sondern gerade auch für Führungskräfte. Betriebsärzt*innen, Sicherheitsfachkräfte etc. sind immer stärker mit Fragen konfrontiert, die auf Probleme von psychischer

Belastung am Arbeitsplatz zurückzuführen sind. Die Statistik spricht eine deutliche Sprache: Die Anzahl der Fehltage aufgrund psychischer Erkrankungen bzw. psychischer Belastungen ist in den letzten Jahren um 67 Prozent gestiegen (Badura, Ducki, Schröder, Klose u. Meyer, 2019), siehe Abbildung 1.

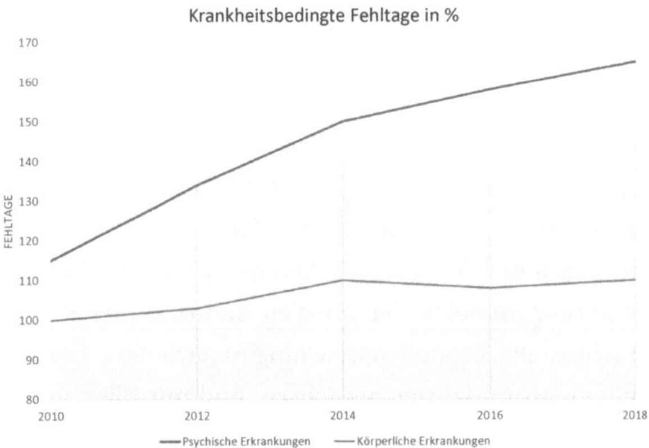

Abb. 1: Fehlzeitenentwicklung

Die Indexdarstellung dokumentiert den Anstieg seit 2010, doch im Grunde steigt die Zahl der AU-Tage (Arbeitsunfähigkeitstage) aufgrund psychischer Erkrankungen schon seit 2001. Die Gründe für diesen rasanten Anstieg sind vielfältig. Expert*innen sprechen von einem gesellschaftlichen Wandel, der ausgehend von der Globalisierung und Digitalisierung der Arbeitswelt unser Leben immer mehr beschleunigt. Dieser Wandel beeinflusst die Art und Weise, wie wir mit den vielfältigen Anforderungen an unseren Arbeitsplätzen umgehen. Aspekte wie Arbeitsverdichtung, ständige Erreichbarkeit und eine Entgrenzung zwischen Berufs- und Privatleben sind Themen, die neben der Digitalisierung unsere Arbeitswelt jetzt schon beeinflussen und auch in Zukunft weiter prägen werden.

Ich drücke es positiv aus: In einer Arbeitswelt, die in Zukunft viele komplexe und herausfordernde Situationen bewältigen soll – und die Coronapandemie hat jetzt schon gezeigt, welche ungewöhnlichen, früher nicht denkbaren Herausforderungen es geben kann – werden Mitarbeiter*innen in Unternehmen neben Fachkompetenzen auch zunehmend Gesundheitskompetenzen benötigen, um sich zurechtzufinden. Schon jetzt nehmen viele Menschen die Verantwortung, für die eigene physische, psychische und soziale Gesundheit zu sorgen, ernst. In Zukunft wird es nicht nur wichtig sein, gut ausgebildet zu sein, sondern wir werden an unseren Arbeitsplätzen Gesundheitskompetenzen benötigen, um uns gut durch Belastungsphasen und Herausforderungen navigieren zu können. Vor diesem Hintergrund brauchen wir Führungskräfte, die Mitarbeiter*innen nicht nur beim Erreichen von Leistungszielen unterstützen, sondern auch die Gesunderhaltung am Arbeitsplatz ernst nehmen.

Die VUCA-Welt *(Volatility – Uncertainty – Complexity – Ambiguity)* ist schon jetzt Realität. Um sich in ihr wohlzufühlen und leistungsfähig zu bleiben, helfen uns die Ansätze des Gesundheitscoachings, Gesundheitskompetenzen weiter auszubauen und weiterzuentwickeln.

Volatilität im Sinne von Flüchtigkeit bedeutet, dass Ereignisse immer schwerer vorhersehbar werden und dass Situationen und Gegebenheiten sich häufiger ändern, als uns lieb ist. Dadurch erscheint die Welt um uns herum oft sehr *unsicher*. Was gestern noch galt, kann morgen schon falsch sein. Das liegt daran, dass die Welt um uns herum immer *komplexer* wird. Gerade in Zeiten von Corona haben wir viele zum Teil hilflose Versuche beobachten können, mit denen Menschen versuchen, die Komplexität ihrer Umwelt zu reduzieren: Einfache Schuldzuweisungen in Form von Verschwörungstheorien sind nur ein Beispiel, das zeigt, wie diese Versuche in die Irre führen. *Ambiguität* als letzter Begriff der VUCA-Welt meint Mehrdeutigkeit. Unsere westliche Kultur und das hinter uns liegende Industriezeitalter haben uns immer suggeriert, dass die Welt um uns herum logisch, linear und eindeutig ist. Nun lernen wir, dass diese Weltsicht nicht mehr passt. Um eine komplexe Krisensituation zu bewältigen, brauchen wir jedoch eine Ambiguitätstoleranz, die es möglich macht, mit (scheinbaren) Widersprüchen umzugehen. Angesichts der Coronapandemie war es notwendig, zwischen einem Lockdown und einer Lockerung zu entscheiden. Wir haben gesehen, dass weder das eine noch das andere in seiner Absolutheit das Problem im Umgang mit der Pandemiegefahr lösen konnte. Im Gesundheitscoaching und in Gesundheitsgesprächen sind wir ebenfalls mit Dilemmata und Ambiguität beschäftigt: Menschen werden an ihren Arbeitsplätzen mit Belastungen konfrontiert, die sie nicht vermeiden können. Stattdessen gilt es, einen individuellen Umgang mit Problemen und Belastungen zu finden, die wir uns nicht ausgesucht haben, die wir sogar vermeiden würden, wenn wir könnten. Trotzdem müssen wir Lösungen finden, auch wenn diese manchmal nicht perfekt sind, sondern auch wiederum nur den ersten Schritt in Richtung Lösung darstellen.

Der systemisch-lösungsorientierte Beratungsansatz ist meiner Meinung nach geeignet, Menschen zu unterstützen, für diese komplexen Probleme gute und brauchbare Lösungen zu finden. Dieses Buch möchte professionellen Coach*innen, Führungskräften, die sich für gesundes Führen interessieren, und Fachleuten, die mit Projekten und Maßnahmen des Betrieblichen Gesundheitsmanagements betraut sind, Denkanstöße und Werkzeuge vorstellen, mit deren Hilfe solche Lösungsprozesse in Gesprächen angestoßen werden können. Mir war es wichtig, neben einigen systemtheoretischen Grundlagen vor allem aus der Praxis zu berichten. Beim Lesen stoßen Sie daher auf mehrere Gesprächsbeispiele, die ich zum Schutz der Personen stark verändert und anonymisiert habe.

Zu guter Letzt möchte ich Ihnen noch einen Lesehinweis geben: Sie können dieses Buch an unterschiedlichen Stellen anfangen zu lesen. Wer sich mehr für Methoden des Gesundheitscoachings interessiert, konzentriert sich am besten auf die ersten drei Kapitel. Wer nach Tipps für die Umsetzung von Gesundheitszielen sucht, findet Hinweise im vierten Kapitel. Diejenigen, die zunächst an Themen der Gesprächsführung in Unternehmen und der Einbindung von Gesundheitscoaching in das Betriebliche

Gesundheitsmanagement interessiert sind, finden Hinweise im fünften und sechsten Kapitel. Führungskräfte und Fachkräfte des Betrieblichen Gesundheitsmanagements finden im fünften Kapitel konkrete Hinweise für die Durchführung systemisch-lösungsorientierter Gesundheitsgespräche und Teammaßnahmen.

Vielleicht motiviert Sie dieses Buch, weitere Tools zu entwickeln. Oder Sie haben beim Ausprobieren der hier vorgestellten Ansätze und Modelle interessante Erfahrungen gemacht? Schreiben Sie mir, wie Ihnen die Umsetzung gelungen ist, ich freue mich auf Nachrichten an

Ute.Zander@zsconsult.de.

Ich wünsche Ihnen viel Freude beim Lesen!

1 Gesundheitsgespräche neu gedacht: Das systemisch-integrative Modell

Sarah hat lange überlegt, ob sie bei der Therapeutin anrufen soll, die nach ausgiebigen Recherchen in ihre engere Auswahl gekommen ist. Ihre Homepage sieht professionell aus und sie scheint bei Burn-out-Themen sehr erfahren zu sein. Doch dann kamen die Zweifel wieder hoch: »Bin ich so krank, dass ich psychologische Unterstützung brauche? Wäre es nicht besser, mal wieder richtig auszuschlafen?« Das hatte auch Mona, ihre beste Freundin, geraten: »Schlaf dich mal richtig aus und dann sieht die Welt wieder ganz anders aus.« Sarah kann jedoch seit Monaten nicht mehr richtig schlafen, stattdessen kreisen Tag und Nacht zermürbende Gedanken in ihrem Kopf. Sie drehen sich in Variationen um die gleichen Fragen: »Schaffe ich meine Arbeit noch? Bin ich eine gute Mutter? Was ist, wenn der Stress nicht mehr aufhört? Wie soll ich dieses Leben noch die nächsten Jahre durchhalten?« Sarah findet darauf keine Antworten. Und je länger sie wartet, desto schwächer fühlt sie sich. Sarah spürt, dass sie resigniert. Ihr Leben ist aus der Balance geraten. Es gelingt ihr immer seltener, aus der Erschöpfung herauszukommen, und je länger dieser Zustand andauert, desto mehr fühlt sie sich wie in einer Abwärtsspirale. Sie hat keine Idee, wie sie diese Entwicklung aufhalten soll.

Das Gefühl, wie Sarah aus der Balance zu fallen, kennen viele, die krank, gestresst oder erschöpft sind. Und umgekehrt, wenn wir uns komplett gesund und wohl fühlen, erscheint uns dieses »In-Balance-Sein« als natürlich und selbstverständlich. Unsere Gesundheit ist dann so selbstverständlich, dass sie als Wohlfühlbalance selten im Bewusstsein ist. Immer mehr Menschen fühlen sich am Arbeitsplatz erschöpft. So belegt eine aktuelle Studie des Umfrageinstituts YouGov, dass 63 Prozent der Befragten ihren Stresslevel am Arbeitsplatz als hoch oder sehr hoch einstuften.[1]

Die Arbeitswelt befindet sich mitten in einem fundamentalen Wandel, wir haben das Industriezeitalter verlassen und betreten das Zeitalter der digitalen Transformation. Es ist zu vermuten, dass der hohe psychische Belastungsgrad mit fehlenden Gesundheitskompetenzen in Verbindung gebracht werden muss. Vereinfacht gesagt: In einer digitalen Arbeitswelt braucht der Mensch andere Fähigkeiten, um die neuen Anforderungen moderner Arbeitsplätze zu bewältigen. Während früher oft »bis zum

---

1 https://www.zeit.de/news/2019-07/24/zeitdruck-und-schwierige-kollegen-stressen-im-buero.

Umfallen« gearbeitet wurde und das Ethos des unbegrenzt leistungsfähigen und leistungswilligen Mitarbeiters als Ziel galt, sind jetzt Mitarbeiter*innen gefragt, die achtsam mit ihrer Gesundheit umgehen, die möglichst mehrere Stressbewältigungstechniken beherrschen und darauf achten, ihre Belastungsgrenzen im Blick zu behalten. Notfalls werden die eigenen persönlichen Gesundheitsinteressen gegen den Willen des Arbeitgebers formuliert und umgesetzt. Viele Menschen haben in ihren Familien und in der Schule nicht gelernt, achtsam mit der eigenen Gesundheit umzugehen. Die kommenden Jahre und Jahrzehnte werden davon geprägt sein, dass wir Kompetenzen und Fähigkeiten erlernen, die uns in die Lage versetzen, mit all diesen komplexen und komplizierten, oft sehr widersprüchlichen Lebens- und Arbeitsbedingungen umzugehen.

Natürlich sind wir, wie das Beispiel von Sarah zeigt, noch oft sehr weit davon entfernt, unsere eigene Gesundheit mit den Leistungsanforderungen des Jobs ideal auszubalancieren. Aber die Themen Gesundheit und Stressbewältigung lassen uns seit Jahren nicht mehr los. Gesundheitscoaching liegt also im Trend, wenn es darum geht, immer mehr Menschen darin zu unterstützen, ihre eigene Balance individuell und stimmig zu finden.

Die Idee des Balancierens und Steuerns von Gesundheit als individuellem und proaktivem Prozess hat erstmalig die *Salutogenese* beschrieben. Ihr Begründer Aaron Antonovsky hatte in den 1970er Jahren zunächst das Konzept der Kohärenz entwickelt, um dann später die Theorie der Salutogenese (lat. »*salus*« = Unverletztheit, Heil, Glück; griech. »*genesis*« = Entstehung) zu begründen.

In diesem Grundlagenkapitel soll es um systemtheoretische Grundlagen gehen. Obwohl das Konzept der Salutogenese nicht unmittelbar der Systemtheorie zugerechnet wird, hat sie den systemischen Ansatz des Gesundheitsmanagements stark beeinflusst. Bevor wir uns also der Systemtheorie zuwenden, möchte ich Ihnen im folgenden Abschnitt zunächst das Konzept der Salutogenese vorstellen. Wenn wir beide Modelle vergleichen und dann auch noch die Ideen der Resilienz mit dazunehmen, wird erkennbar, wo sich die Salutogenese und die Resilienz gedanklich mit dem systemischen Verständnis von Gesundheit decken, wo sie sich gut ergänzen und wo die Unterschiede liegen.

1.1 Wie entsteht Gesundheit? Das Konzept der Salutogenese

Die klassische Schulmedizin beschäftigte sich bis in die 1970er Jahre ausschließlich damit, wie Krankheiten entstehen. Das sogenannte *pathogenetische Grundprinzip* (griech. »*pathos*« = Leiden, Sucht) der Schulmedizin verstand Gesundheit als Abwesenheit von Krankheit (▶ biomedizinisches Modell).

Als Aaron Antonovsky sich zu Beginn der 1970er Jahre im Rahmen von Befragungen ehemaliger Holocaustgefangener in Israel mit den psychischen Folgeschäden der Opfer beschäftigen wollte, stellte er fest, dass entgegen seiner Vermutung fast ein Drittel der von ihm befragten Frauen psychisch stabil waren. Mit diesem positiven Ergebnis hatte er nicht gerechnet und fing an, sich – ganz anders als ursprünglich geplant – zu fragen, was die Personen, die ihm in Relation zu ihren traumatischen Erlebnissen als relativ gesund erschienen, aktiv dazu beigetragen hatten, um die traumatischen Erlebnisse zu verarbeiten. Anders als eigentlich angedacht, fragte er nicht, was seine Interviewpartnerinnen belastete, sondern er wollte wissen, welche Faktoren sie gesund erhielten. Oberflächlich betrachtet wirken *Salutogenese* und *Pathogenese* wie Gegensätze. Doch Antonovsky wollte sein neues Konzept eher als Ergänzung zur klassischen Schulmedizin sehen. Und er betrachtete Gesundheit und Krankheit nicht als statische Fixpunkte, an denen man feststellt, ob jemand krank oder gesund ist, sondern als zwei Pole, zwischen denen sich ein dynamischer Prozess abspielt, der nie aufhört. Und anknüpfend an seine Untersuchungen der Holocaustopfer ging er davon aus, dass Gesundheit ein aktiver, vom Menschen unmittelbar zu beeinflussender Prozess sei. Folgendes Zitat von ihm spiegelt diese Haltung wider: »Wir sind alle terminale Fälle. Aber solange wir einen Atemzug Leben in uns haben, sind wir alle bis zu einem Grad gesund« (Antonovsky, zit. nach Thielhorn, 2008, S. 20). Abbildung 2 zeigt, wie unterschiedlich ein subjektiv eingeschätzter Gesundheits- oder Krankheitszustand aussehen kann.

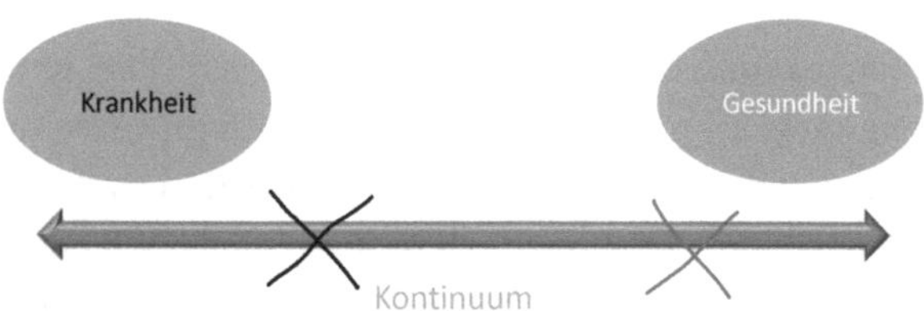

Abb. 2: Gesundheit als Prozess

Sarah aus unserem Beispiel könnte sich beispielsweise relativ gesund und wohl fühlen, obwohl sie erkältet ist, weil sie sich gerade nicht gestresst fühlt. Andersherum könnte es sein, dass sie sich an einem anderen Tag aufgrund ihrer Stresssymptomatik sehr krank fühlt, obwohl ihr rein körperlich gar nichts fehlt. Aus salutogenetischer Sicht ist es viel interessanter, herauszufinden, wie Sarah ihren Gesundheitszustand selbst aktiv beeinflussen kann, als festzulegen, ob sie jetzt krank oder gesund ist. Genau hier lag in den 1970er Jahren für Aaron Antonovsky auch das Augenmerk. Um genauer zu erklären, wie Menschen es selbst schaffen können, ihren Gesundheitszustand aufrechtzuerhalten, entwickelte er im Rahmen der Salutogenese ein sehr wichtiges Teilkonzept, das bis heute noch eine große Rolle spielt: das *Kohärenzmodell* (Antonovsky u. Franke, 1997).

Der Begriff »Sense of Coherence« bedeutet »Stimmigkeit« und »Zusammenhang«. Aaron Antonovsky benennt damit kein bestimmtes Verhalten, wie zum Beispiel

Stressbewältigungsverhalten, sondern er meint damit eine Grundhaltung, die ein Mensch in Bezug auf seine Gesundheit und sein Leben entwickelt hat. Man könnte es auch als Selbstvertrauen oder als eine optimistische Grundhaltung eines Menschen bezeichnen. Einen ähnlichen Begriff hat Bandura (1997) mit der *Selbstwirksamkeitserwartung* geprägt. Antonovsky hat drei konkrete Komponenten beschrieben, mit denen er den Begriff der Kohärenz definiert:

> Wir sollten uns immer fragen, wie wir unseren Gesundheitszustand selbst aktiv beeinflussen können.

- Das Gefühl von Verstehbarkeit *(Sense of Comprehensibility):* Damit ist das Gefühl gemeint, die Welt um sich herum und das, was tagtäglich geschieht, zu verstehen, Erklärungsmodelle für Erlebnisse und Ereignisse zu besitzen und sie in einen größeren Zusammenhang einordnen zu können und daraus die Sicherheit zu schöpfen, dass das Leben Kontinuität besitzt und einigermaßen berechenbar ist. Antonovsky meint damit eine Art kognitives Verarbeitungsmuster.
- Das Gefühl von Handhabbarkeit *(Sense of Manageability):* Damit ist das Vertrauen gemeint, alles, was einem im Leben begegnet, bewältigen zu können, auch Krisen und Katastrophen. Dieses Selbstvertrauen beruht zum Teil auf der Erfahrung, auch in der Vergangenheit schon schwierige Situationen bewältigt zu haben und dass anschließend wieder bessere Zeiten kommen werden. Antonovsky meint damit ein kognitiv-emotionales Verarbeitungsmuster.

- Das Gefühl von Sinnhaftigkeit bzw. Bedeutsamkeit *(Sense of Meaningfulness):* Damit ist die Überzeugung gemeint, dass das eigene Leben einen Sinn hat, der Offenheit und Anteilnahme ermöglicht, aber auch Gemeinschaftsgefühle mit anderen Menschen sowie Interesse an Dingen, die dazu führen, dass ein Mensch sich Ziele setzt, die er gerne erreichen möchte. Diese Überzeugung begründet sich in dem Gefühl, selbst Teil von etwas zu sein, das größer ist als man selbst. Antonovsky meint damit ein motivationales Verarbeitungsmuster (Antonovsky u. Franke, 1997).

Der salutogenetische Ansatz, der das Konzept des systemisch geprägten Gesundheitsmanagements bzw. -coachings stark beeinflusst hat, sieht den Menschen in der Selbstverantwortung, wenn es um die eigene Gesundheit geht. Die Grundhaltung systemisch/salutogenetisch orientiert arbeitender Ärzt*innen oder Behandler*innen ist infolgedessen eine andere als die der klassischen Schulmedizin, die sich am biomedizinischen Modell orientiert (► biomedizinisches Modell). Die Patient*innen im systemisch-salutogenetischen Ansatz sind vielmehr Regisseur*innen ihres eigenen Gesundungsprozesses. Sie werden als Expert*innen des eigenen Lebens wahrgenommen und treffen selbst Entscheidungen in Bezug auf ihre Gesundheit. Ganz anders sieht die Grundhaltung beim konservativ-pathogenetischen Gesundheitsverständnis aus. Hier sehen sich die Patient*innen als von den behandelnden Ärzt*innen abhängig. Allein die Behandler*innen/Ärzt*innen/

Coach*innen kennen die richtige Behandlung und das richtige Medikament. Es entsteht ein Abhängigkeitsverhältnis, das bei Patient*innen Gefühle von Ohnmacht bzw. Bewunderung für die Behandler*innen auslöst.[2]

Wenn aber der Mensch in der Lage ist, die eigene Gesundung mit zu beeinflussen, und über (unbewusstes) Wissen verfügt, um diesen Gesundungsprozess voranzutreiben, dann spielt die Grundannahme eine Rolle, dass der*die Patient*in ein sich selbst steuerndes/organisierendes System ist, das von außen nur bedingt beeinflussbar ist. Und im Unterschied zu Aaron Antonovsky gelingt es dem systemischen Beratungsansatz weit mehr, zu erklären, wie diese gegenseitigen Steuerungs- und Beeinflussungsprozesse zwischen Mensch und Umwelt beschrieben werden können. In ihrer ersten Coachingsitzung lernt auch Sarah das Konzept der Salutogenese kennen:

Drei Wochen später: Sarah kommt aus ihrer ersten Beratungsstunde. Noch hat sie keinen Therapieplatz gefunden, doch übergangsweise besucht sie einen Gesundheitscoach, mit dem sie erste Lösungsansätze in Bezug auf ihre Krise besprechen konnte. In der ersten Sitzung ging es überra-

---

2 Natürlich hat sich diese Grundhaltung durch die Recherchemöglichkeiten von Patient*innen im Internet in den letzten Jahrzehnten schon sehr verändert. Der*die gut informierte Patient*in kennt sich aus und ist vom Informationsstand schon stärker auf Augenhöhe mit den Ärzt*innen als zuvor. Vor dem Ärzt*innen-Besuch wird zunächst »Dr. Google« befragt. Doch die Grundhaltung ist auch hier oft dieselbe: die Suche nach der »richtigen« Antwort, die entweder das Internet oder die Ärzt*innen kennen.

schenderweise gar nicht so sehr um ihre Beschwerden und ihre Probleme. Ihr Coach hat sie stattdessen gefragt, welche Tätigkeiten für sie sinnstiftend sind, er wollte wissen, in welchen Momenten es ihr noch gut gelingt, Lösungen oder Mittel zu finden, mit den Stresssituationen umzugehen. Ganz überraschend war für sie seine letzte Frage: inwiefern diese Erschöpfung, diese Krise ihrem Leben einen Sinn ergibt. Für einen kurzen Moment fragte sie sich, ob ihr Coach sie veralbern wollte, aber jetzt – drei Stunden später – arbeitet diese Frage immer noch in ihr. Und zum ersten Mal seit vielen Wochen hat Sarah das Gefühl, das Hamsterrad für einen kurzen Moment gestoppt zu haben.

In den folgenden Abschnitten wenden wir uns dem Konzept der Resilienz und danach systemischen Grundannahmen zu. Später werden wir die Salutogenese und das systemische Denken miteinander vergleichen.

1.2 Mehr als Widerstandsfähigkeit: Das Konzept der Resilienz

Historisch betrachtet hat das Konzept der Resilienz erst in den letzten zehn Jahren im Bereich der betrieblichen Gesundheitsförderung bzw. des Betrieblichen Gesundheitsmanagements an Bedeutung gewonnen. Obwohl die Konzepte der Resilienz und der Salutogenese ungefähr zum selben Zeitpunkt entstanden sind und den systemischen Ansatz gut ergänzen und bereichern, wurde

Resilienz lange Zeit lediglich im Bereich der Traumaforschung, Traumatherapie und Psychotherapie genutzt. Doch die dringenden Fragen und Probleme rund um die betriebliche Gesundheitsförderung haben in den letzten Jahren zu einem regelrechten »Resilienzboom« geführt. Leider musste der Begriff »Resilienz« – wie so oft, wenn Modetrends den Beratungs- und Coachingmarkt überschwemmen – für vieles herhalten, was streng genommen mit Resilienz nicht viel zu tun hat.

Eine erste wichtige Adresse rund um das Konzept der Resilienz ist das Deutsche Resilienzzentrum in Mainz bzw. das Leibniz-Institut für Resilienzforschung. Das DRZ bietet folgende Definition von Resilienz an: »Resilienz ist die Fähigkeit zur Aufrechterhaltung oder Wiederherstellung psychischer Gesundheit während oder nach stressvollen Lebensereignissen« (LIR Mainz, o. D.).

Die Psychologin Julia Scharnhorst (2012) definiert Resilienz folgendermaßen: »Resilienz ist die Fähigkeit, widerstandsfähig gegenüber äußeren Belastungen und Krisensituationen zu sein und sie ohne anhaltende Beeinträchtigung durchzustehen. Resilienz ist die Fähigkeit, sich angesichts andauernder Belastungen, Widrigkeiten, Traumata oder Tragödien anzupassen und zu erholen« (S. 210).

Die Resilienzforschung geht mittlerweile davon aus, dass die sogenannten Resilienzfaktoren eine Mischung aus (zum Teil genetisch bedingten) Persönlichkeitsfaktoren, persönlichen Einstellungen, Verhaltensweisen und Umweltfaktoren sind. Momentan existieren unzählige

Resilienzkonzepte mit sehr unterschiedlich beschriebenen Resilienzfaktoren, die alle einen mehr oder weniger klaren Bezug zu wissenschaftlichen Forschungsergebnissen haben. Gleichzeitig konkurrieren auch in Forschungsprojekten unterschiedliche Konzepte miteinander. Die meisten Resilienzkonzepte beschreiben folgende Faktoren:

- Optimismus,
- Selbstwirksamkeitserwartung (▶ Selbstwirksamkeit),
- soziale Beziehungen,
- Stressbewältigungskompetenzen,
- Eigeninitiative, Proaktivität,
- Grenzen setzen und die eigene Unabhängigkeit wahren.

Wenn möglichst viele dieser Voraussetzungen erfüllt sind, kann man davon ausgehen, dass Menschen auch in eventuellen Krisensituationen gut gerüstet sind. Sie sollten also bei allen Maßnahmen zur Gesundheitsförderung im Blick behalten werden. Inwiefern der systemische Ansatz sich hier als hilfreiches Instrument anbietet, zeigt das nächste Kapitel.

1.3 Lösungs- statt Problemfokus: Systemische Grundannahmen im Gesundheitscoaching

Im systemischen Gesundheitscoaching spielen folgende systemische Grundannahmen eine besondere Rolle:

- die Autopoiese und die System-Umwelt-Unterscheidung,
- die Haltung des Nichtwissens als Gesundheitscoach*in,

- die Annahme, dass jede*r Klient*in Experte ihres*seines eigenen Lebens ist,
- die These, dass Gesundheit sich kontextbezogen entwickelt.

Das Konzept der *Autopoiese* geht auf die Ideen von Maturana (1987) zurück. Ein System (psychisch, biologisch oder sozial) agiert autopoietisch, wenn es selbstbezogen und autonom innerhalb seiner Systemgrenzen operiert, es ist operationell geschlossen. Das bedeutet jedoch nicht, dass es völlig unabhängig von seinen Umwelten ist. Ein autopoietisches System reagiert individuell und nicht kausal auf seine Umwelten. Das Konzept der Autopoiese beeinflusst die Vorgehensweise im Gesundheitscoaching dahingehend, dass bei der Auswahl der Methoden und Interventionen nicht eindeutig vorhersehbar ist, wie der*die Klient*in reagiert. Als autopoietisches psychisches und biologisches System ist zunächst völlig unklar, wie die jeweilige Person sich mit den Impulsen des Gesundheitscoachings neu organisiert. Die drei Systembereiche Leben (biologisches System), Bewusstsein (psychisches System) und Kommunikation (soziales System) sind jeweils eigenständige, autopoietische Systeme. Gleichzeitig sind sie füreinander bedeutende Umwelten, die sich gegenseitig beeinflussen und sich auch gemeinsam entwickeln, allerdings nicht in Form von Kausalität.

Die systemischen Grundannahme *Haltung des Nichtwissens,* also dass jede*r Klient*in Experte ihres*seines eigenen Lebens ist, und die These, dass sich Gesundheit kontextbezogen entwickelt, folgen aus der Theorie der Autopoiese und der System-Umwelt-Unterscheidung. Denn wenn die Reaktionen der biologischen, psychischen und sozialen Systeme nicht vorhersehbar und auch nicht direkt beeinflussbar sind, kann der*die Gesundheitscoach*in niemals mit Sicherheit vorhersehen, auf welche Art und Weise sich Interventionen und Methoden des Gesundheitscoachings tatsächlich auswirken werden.

Jede*r Klient*in ist Expert*in des eigenen Lebens.

Darüber hinaus spielt die *Theorie sozialer Systeme* (Luhmann, 1984) im systemischen Denken eine große Rolle. Demnach wird der Mensch nicht in seiner Gesamtheit betrachtet, sondern als psychisches und als physisches System gesehen. Weiterhin beschreibt Luhmann soziale Systeme, die mit Menschen, das heißt mit psychischen und physischen Systemen, im Kontakt sind. Diese sozialen Systeme können Familien, aber auch Teams und Organisationen sein. Dieser Denkansatz hat den Vorteil, dass bestimmte Verhaltensweisen und Vorgänge im Menschen, die aufgrund der hohen Komplexität des Menschseins schwer durchschaubar und erklärbar sind, teilweise nachvollziehbar werden. Die Differenzierung ermöglicht also eine Komplexitätsreduktion, die es möglich macht, komplexe Zusammenhänge zwischen Mensch und Umwelt zu analysieren und zu verstehen. Nach Luhmann werden zum Beispiel nicht die Menschen als Elemente sozialer Systeme betrachtet, sondern nur die Kommunikation der Menschen. Luhmann sagt: »Der Mensch kann nicht kommunizieren, es kommuniziert die Kommunikation« (1992, S. 31).

Die Differenzierung in das psychische und in das biologische System des Menschen hat den Vorteil, dass komplizierte Phänomene wie ein Burn-out leichter erklärbar werden und auch leichter lösungsorientiert zu Ende gedacht werden können. Abbildung 3 zeigt, wie demnach physische und psychische Systeme untereinander und wiederum mit sozialen Systemen »operieren«.

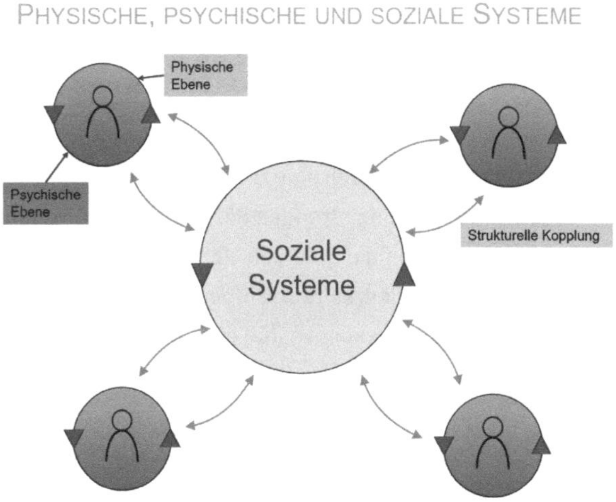

Abb. 3: Soziale Systeme und strukturelle Koppelungen

Die Idee der *strukturellen Kopplung* bedeutet auch: Es gibt keine Einheit eines psychisch-sozialen Systems. Vielmehr gilt: Die Systeme Gehirn, Bewusstsein und Kommunikation bilden jeweils Umwelten füreinander (Luhmann, 1998).

Abbildung 3 weist mit den Pfeilen auf die strukturellen Koppelungen hin. Dieser etwas schwierige Begriff meint Folgendes: Wenn sowohl die psychischen als auch die physischen und sozialen Systeme autonom existieren können, sind sie doch gleichzeitig miteinander eng verknüpft. Systemisch gesehen bedeutet dies, dass trotz der Systemgrenze (System-Umwelt-Unterscheidung) zwischen den Systemen eine oft enge Kooperation möglich ist. Wie das praktisch aussieht, möchte ich Ihnen anhand eines Beispiels erläutern:

> Stellen Sie sich vor, Sie möchten eine schwierige Aufgabe lösen oder müssen eine Prüfung bestehen. Einige Tage vor der Prüfung strengen Sie sich sehr an, lernen viel, schlafen wenig und fühlen sich ängstlich und nervös. Obwohl Sie einerseits so aufgedreht sind, dass Sie kaum noch schlafen können, fühlen Sie sich gleichzeitig körperlich völlig erschöpft. So kommt es vor, dass Sie in Momenten, in denen Sie mal kurz nicht lernen, auf dem Sofa vor dem Fernseher wegnicken. Doch abends, wenn Sie sich im Schlaf erholen möchten, kreisen die Gedanken an die Prüfung in Ihrem Kopf und rauben Ihnen den Schlaf. Stellen Sie sich weiterhin vor, wie Ihr soziales Umfeld, zum Beispiel Ihre Familie, auf diese Situation reagiert. Ein verständnisvolles Umfeld lässt Sie wahrscheinlich immer wieder entspannen, ein nicht unterstützendes soziales Umfeld lässt die Situation vielleicht noch eskalieren und Sie werden noch nervöser.

Diese Situation kennt wohl jeder. Sie zeigt, wie die strukturellen Koppelungen einerseits autonome Systeme komplett autark agieren lassen und gleichzeitig miteinander verbunden sind. Und so arbeiten die physischen, psychischen und sozialen Systeme sowohl gekoppelt als auch autonom:

- Das psychische System reagiert nervös, teilweise ängstlich und wahrscheinlich immer wieder hoch motiviert, um die Prüfung oder Aufgabe erfolgreich zu lösen. In der Koppelung mit dem …
- … physischen System erzeugt es durch vermehrte Adrenalinausschüttung Veränderungen im Herz-Kreislauf-System. Das aktivierte sympathische Nervensystem führt zum Beispiel zu Schlafstörungen. Gleichzeitig zeigt das physische System immer wieder starke Ermüdungserscheinungen, die jedoch in der Koppelung mit dem psychischen System unterbrochen werden. Einerseits ist man müde und k. o., andererseits kann man nicht mehr schlafen.
- Je nachdem, wie das soziale System reagiert, also das familiäre oder befreundete Umfeld, reagieren auch das psychische und das physische System. Verständnis und Unterstützung führen zur Aktivierung des Parasympathikus, Unverständnis und Ausgrenzung führen wahrscheinlich zu noch mehr Stress. Auch hier entscheidet die Art der strukturellen Koppelung, wie das physische und psychische System beeinflusst werden. Allerdings kann die Koppelung auch so schwach ausgebildet sein, dass sich das psychische System trotz Unverständnis auf eine sehr autonome Art

und Weise von diesem negativen Einfluss abgrenzt. Man kann davon ausgehen, dass in diesem Fall eine besondere Abgrenzungskompetenz aufgrund schlechter Erfahrungen erlernt wurde.

Laura fühlt sich körperlich völlig erschöpft, die Warnsignale werden immer deutlicher: Mitten in der Nacht wacht sie auf und kann dann oft nicht mehr einschlafen. Kopfschmerzen plagen sie, meist fällt sie tagelang regelrecht aus und muss sich hinlegen, damit es besser wird. Im Winter befällt sie jedes Erkältungsvirus, ihr Immunsystem funktioniert nur noch auf Sparflamme. Doch ihre Psyche scheint von Schonung nicht viel zu halten, in ihrem Innern treibt Laura sich selbst an: »Du musst das schaffen«, »Lass dich nicht gehen« oder »Andere kriegen noch viel mehr gebacken« sind dann Sätze, die sie sich im Kommandoton selbst sagt.

Das Beispiel von Laura verdeutlicht die oben beschriebenen Zusammenhänge: Das physische und das psychische System operieren völlig autonom, in diesem Fall sogar widersprüchlich, und gleichzeitig sind beide aneinander (strukturell) gekoppelt: Je lauter die inneren Antreibersätze rufen, desto stärker reagiert Sarahs Stresssystem auf der körperlichen Ebene. Wie kann im Gesundheitscoaching mit dieser Erkenntnis gearbeitet werden?

Zunächst ist es hilfreich und erkenntnisreich, die eigene Logik jeder Systemebene anzuerkennen. Wenn wir Lauras Situation analysieren, erkennen wir, dass ihre Reaktionen auf der psychischen Ebene typischen Mustern folgen. Der innere Antreibersatz »Du musst das schaffen« lässt sich auf bestimmte Vorerfahrungen zurückführen. Aus systemischer Sicht sagen wir, dass diese Reaktion zunächst sinnvoll ist, auch wenn sie für Laura gleichzeitig Stress und Leidensdruck verursacht. Als systemische Gesundheitscoach*innen respektieren wir einerseits die Sinnhaftigkeit dieses Geschehens und suchen gleichzeitig nach individuellen Möglichkeiten, wie Laura als Expertin ihres eigenen Lebens das Zusammenspiel zwischen Psyche und Körper so neu regulieren kann, dass sie weniger Stress erlebt. Wir haben zwar dazu viele Ideen im Kopf, aber schlagen ihr kein Patentrezept vor. Dadurch, dass wir mit ihr gemeinsam das komplexe Zusammenspiel zwischen ihrem psychischen Erleben, ihren körperlichen Reaktionen und der Interaktion mit ihrem sozialen Kontext reflektieren, erfinden wir mit ihr gemeinsam kreative Lösungsmöglichkeiten, um diese sehr spezifische Balance neu und ohne Leidensdruck zu gestalten. Dieser Selbstregulationsprozess nimmt Bezug auf die oben beschriebene Theorie der Autopoiese.

> Im Gesundheitscoaching erarbeiten wir, wie das Zusammenspiel zwischen Psyche und Körper so reguliert werden kann, dass die Klient*innen weniger Stress erleben.

Übrigens beschreibt nicht nur die Systemtheorie das Verhältnis zwischen Psyche, Physis/Körper und sozialem Kontext, sondern auch das biopsychosoziale Modell nach Engel (Egger, 2017; ▸ biopsychosoziales Modell). An dieser Stelle können wir festhalten, dass beide Modelle, die Salutogenese und die Systemtheorie, davon ausgehen, dass Menschen autonom und aktiv ihren Gesunderhaltungsprozess steuern können. Beide Konzepte sehen den Menschen als kompetent genug an, sich selbst gesund zu erhalten. Allerdings beschreibt die Systemtheorie genauer, wie diese Prozesse ablaufen.

1.4 Gesundheit in sozialen Kontexten neu ausbalancieren: Das systemisch-integrative Konzept in der Praxis

Wenn wir den Einfluss der Salutogenese und der Resilienz auf ein systemisch-integratives Konzept des Gesundheitscoachings zusammenfassen, gehe ich von folgenden Erkenntnissen aus:

- Das Konzept der Kohärenz beschreibt auf eine handlungsleitende Art und Weise, wie im Coaching systemische Leitlinien wie Ressourcen- und Lösungsorientierung und die Annahme sich selbst steuernder Systeme umgesetzt werden können.
- Die Salutogenese nimmt, ähnlich wie die systemische Beratung, an, dass eine Differenzierung in Psyche, Physis und soziale Umwelt sinnvoll ist, um Menschen bei ihrer Gesunderhaltung zu unterstützen. Anders als die Salutogenese liefert die systemische Beratung ein fundiertes Konzept, wie diese Begriffe zu beschreiben und voneinander zu unterscheiden sind. Aaron Antonovsky beispielsweise hat den Zusammenhang zwischen der Psyche und den Ansätzen der Kohärenz unterschätzt.

- Das Konzept der Resilienz lässt sich, ähnlich wie die Salutogenese, in vielen Punkten gut mit den Ansätzen eines systemischen Gesundheitsmanagements verbinden. Das Konzept der Resilienzfaktoren gibt interessante Hinweise darauf, wie es Menschen gelingen kann, aus sich selbst heraus die psychische Gesundheit aufrechtzuerhalten. Aus systemischer Sicht ist es allerdings nicht unbedingt erforderlich, Faktoren genau zu definieren und zu benennen, da Schutzfaktoren im Sinne der Autopoiese sehr individuell entstehen. Das Resilienzkonzept hingegen soll als eine Art Training Menschen helfen, Fähigkeiten und Kompetenzen weiterzuentwickeln, die für alle Menschen gleichermaßen hilfreich sind.

In den Abbildungen 4 und 5 sehen Sie, wie sich ein systemisch-integratives Gesundheitsmanagement, mit dem wir im Folgenden methodische Herangehensweisen für die Praxis des systemischen Gesundheitscoachings ableiten, in unterschiedlichen Anwendungsfeldern darstellt.

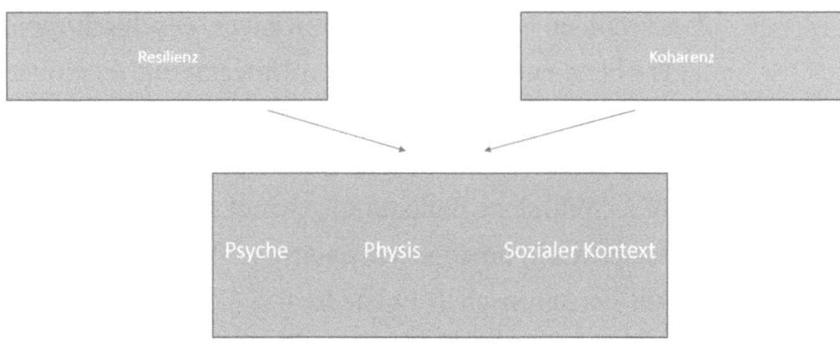

Abb. 4: Systemisch-integratives Modell des Gesundheitscoachings

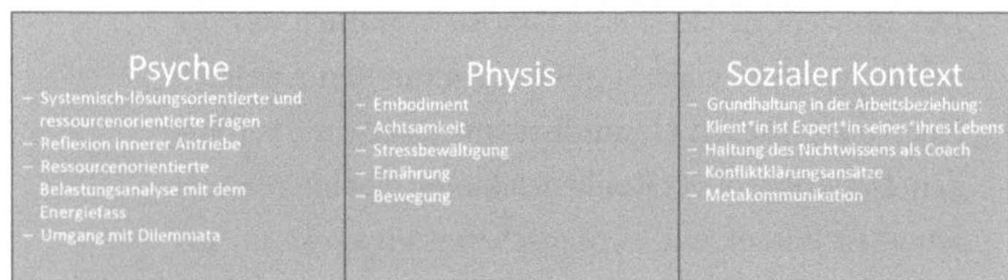

Abb. 5: Methoden des systemisch-integrativen Modells

Im Bereich der Psyche arbeitet das systemische Gesundheitscoaching mit lösungs- und ressourcenorientierten Fragen. Sie unterstützen den mental-psychischen Veränderungsprozess im Sinne der Autopoiese. Weitere methodische Ansätze, die ich in den folgenden Kapiteln vorstellen möchte, sind zum Beispiel die Umformulierung von Glaubens- und Leitsätzen bzw. Antreibersätzen. Auch die diagnostische Übung mit dem Energiefass bildet den systemischen Ansatz der Ressourcenorientierung ab. Der konstruktive Umgang mit inneren Zwickmühlen ist entscheidend, um auf der psychisch/mentalen Ebene einen konstruktiven Umgang mit scheinbar unlösbaren Problemen zu finden. In einer Welt, die immer widersprüchlicher, komplexer und unberechenbarer wird (VUCA-Welt, siehe Einleitung) gewinnt die Fähigkeit, mit Widersprüchen umzugehen, enorm an Bedeutung.

Jede Systemebene lädt zu unterschiedlichen Interventionen ein. Während das Resilienzkonzept eher die einzelne Person stärkt, kann das Prinzip der Salutogenese für Führungskräfte unterstützend wirken.

Auf der physischen Ebene helfen Achtsamkeitsübungen und methodische Ansätze des *Embodiments,* wichtige Veränderungsimpulse auf der körperlichen Ebene zu setzen. Auf der Grundlage der systemischen Idee der strukturellen Kopplung erfahren wir immer wieder, wie sich beide Systeme gegenseitig im Gesunderhaltungsprozess positiv beeinflussen können, obwohl sie voneinander abgegrenzt sind. Hier finden wir den systemischen Ansatz der System-Umwelt-Grenze wieder, der im Coachingprozess auch dadurch genutzt werden kann, dass wir den Klient*innen die Entscheidung überlassen, wann, wie und ob die Arbeit auf der physischen Ebene zunächst sinnvoll erscheint oder ob man vielleicht doch erst auf der psychischen Ebene startet, weil der*die Coachee dort momentan eher anschließen kann.

Auf der sozialen Kontextebene finden sich alle sozialen Prozesse wieder, die der individuellen Gesunderhaltung entgegenstehen oder sie fördern. Die Fähigkeit, soziale Konflikte konstruktiv lösen zu können, soll im Gesundheitscoaching immer wieder weiterentwickelt werden. Hier gilt die altbekannte (Binsen-)Weisheit »Kränkungen, die durch ungelöste Konflikte entstehen, machen krank«. Auch der Coachingprozess ist ein soziales Geschehen, und so wird die Reflexion der eigenen Person als Coach*in, der eigenen Haltungen und Einstellungen, mit denen ich meinen Kund*innen als Coach*in begegne, immer wieder zu reflektieren sein. Nicht umsonst wirkt es im Gesundheitscoaching wenig glaubwürdig, wenn mein*e Kund*in gesund leben möchte und einem übergewichtigen und stressanfälligen Coach gegenübersitzt. Aber auch die mentale Einstellung beeinflusst das soziale Geschehen im Coaching: Kann ich meinem*meiner Coachee die Selbststeuerung seines*ihres Veränderungsprozesses wirklich selbst überlassen oder fühle ich mich aufgefordert, Ratschläge für den vermeintlich richtigen Weg zu geben? Wo aber gebe ich dann doch einen Ratschlag, weil ich als erfahrene*r Coach*in einen Burn-out erkenne und jemandem rate, sich krankschreiben zu lassen? Der soziale Kontext »Coaching« lebt von der Erarbeitung und Verwerfung von Hypothesen, von der Neutralität des*der Coach*in und gleichzeitig von Echtheit und Glaubwürdigkeit seiner*ihrer eigenen mental gesunden Lebensweise.

Sowohl das Resilienzkonzept als auch der systemische Ansatz des Gesundheitscoachings leben von der Ressourcenorientierung. Bewährte Übungen aus der Resilienzforschung unterstützen Menschen bei der (Weiter-)Entwicklung ihrer psychischen Widerstandskraft. Die Salutogenese bzw. deren Weiterentwicklung liefert praktische Ansätze für die Arbeit mit Führungskräften, für die Gestaltung von Arbeitsplätzen und für Fragen der eigenen beruflichen Weiterentwicklung.

Bevor wir uns in den nächsten Kapiteln mit der Anwendung dieses systemisch-integrativen Modells auseinandersetzen und ich Ihnen Methoden und Übungen für die Praxis des systemischen Gesundheitscoachings vorstelle, möchte ich noch auf die besondere Bedeutung des systemischen Ansatzes im Gesundheitsmanagement bzw. Gesundheitscoaching eingehen. Unsere Lebenswelten verändern sich momentan in einem nie gekannten Tempo. Die Arbeitswelt schaltet von Industrialisierung auf Digitalisierung um, neue und agile Arbeitsstrukturen verändern ganze Organisationen und Arbeitsbereiche. Unser Klima verändert sich auf eine dramatische Art und Weise, sodass wir jetzt schon davon ausgehen, mit stark veränderten Lebensumwelten umgehen zu müssen, die auch unsere Gesundheit stark beeinflussen. Wir leben in einer Welt, die dem einzelnen Menschen viel abverlangt. Im Umgang mit einer sich ständig verändernden Lebens- und Arbeitswelt werden wir Kompetenzen benötigen, die wir in unseren Familien und Schulen nicht gelernt haben. Die kommenden Jahre und Jahrzehnte fordern uns heraus, mit all diesen komplexen und komplizierten, oft sehr widersprüchlichen Lebens- und Arbeitsbedingungen umzugehen. Dass wir im Gesundheitsmanagement zurzeit von vielen technischen und digitalen Neuheiten überschwemmt werden, die den Eindruck vermitteln, man könne sich derart optimieren, dass uns Gesundheit und Sicherheit garantiert sind, führt aus meiner Sicht in die Irre. Anstelle weiterer Apps und Wearables, die uns vorschreiben, wie wir uns verhalten sollen, brauchen wir Gesundheits- und Veränderungskompetenzen. Das systemisch-lösungsorientierte Gesundheitscoaching ist sehr gut geeignet, beim Aufbau dieses neuen Lernfelds Hilfestellungen zu leisten.

Zusammenfassung

Die Arbeitswelt von morgen ist gesund. Im Zeitalter der Digitalisierung und vor dem Hintergrund wachsender Krisen (Coronapandemie) wächst auch die Bedeutung von Gesundheitskompetenzen. Das systemisch-integrative Gesundheitscoaching sieht den Menschen als selbstorganisiertes System, das aus sich heraus in der Lage ist, die eigene Gesundheit in Abstimmung mit sozialen Kontexten neu auszubalancieren. Das salutogenetische Konzept der Kohärenz und die Resilienzfaktoren geben Hinweise, wie Lebens- und Arbeitsplatzumstände gestaltet werden können, um gute Rahmenbedingungen für Gesundheit zu schaffen.

2 Gesundheitsgespräche konkret: Wann, wo und wie sie geführt werden

In diesem Kapitel geht es um unterschiedliche Anlässe und um die unterschiedlichen Gesprächsabläufe rund um Gesundheit, die in Unternehmen und Organisationen geführt werden. Mit »Gesundheitscoaching« ist zunächst das Gesprächssetting »Coaching« gemeint. Darüber hinaus finden in Unternehmen und Organisationen weitere Gespräche zum Thema »Gesundheit« statt, die durchaus auch Coachingcharakter haben können. Abbildung 6 gibt einen Überblick.

2.1 Gesundheitscoaching: Gespräche rund um die Gesundheit

Gesundheitscoachings werden entweder von freiberuflichen Coach*innen angeboten, oder ein Unternehmen hat selbst einen internen Coachingpool aufgebaut, in dem auch auf Gesundheitsmanagement spezialisierte

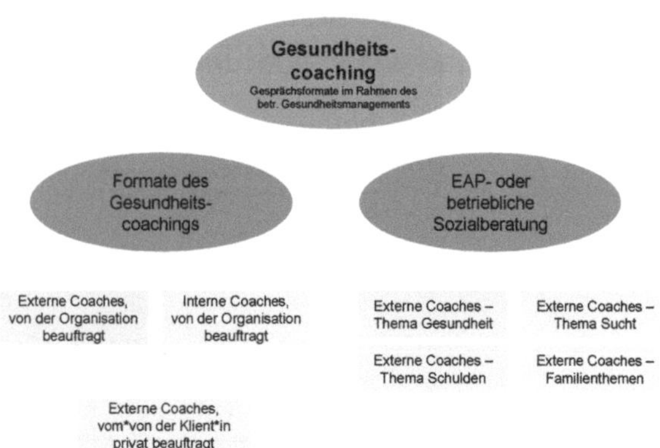

Abb. 6: Formate des Gesundheitscoachings

Coach*innen mitarbeiten. Gesundheitscoach*innen nutzen in der Regel alle Ansätze und Vorgehensweisen des systemisch-integrativen Modells.

Die *EAP-Beratung* ist eine Dienstleistung, die von unabhängigen Beratungsunternehmen angeboten wird. Diese Unternehmen beschäftigen ebenfalls Gesundheitscoach*innen, allerdings schließt ein EAP-Unternehmen mit einem Kunden einen Dienstleistungsauftrag, der ein umfassendes Stundenkontingent für psychosoziale Beratung für die gesamte Belegschaft umfasst. Die Mitarbeiter*innen eines Unternehmens können dann anonym und kostenlos eine EAP- bzw. Sozialberatung in Anspruch nehmen. Inhaltlich geht es dann entweder um Gesundheit bzw. Stress und Belastung am Arbeitsplatz oder auch um Themen wie Sucht, Schulden und/oder Probleme in der eigenen Familie. Auch in der EAP-Beratung finden wir alle Ansätze des systemisch-integrativen Modells wieder.

Dieses Beratungsangebot gibt es schon seit einigen Jahrzehnten. Vor allem Konzerne, mittlerweile aber auch viele mittelständische Unternehmen kaufen bei einem EAP-Beratungsunternehmen ein Kontingent an Beratung ein, das die Mitarbeiter*innen dann anonym und kostenlos nutzen können. In regelmäßigen Abständen finden mit der Geschäftsleitung Auswertungsgespräche statt, sodass das Unternehmen zwar nicht erfährt, welche Personen das Angebot wahrgenommen haben, aber darüber informiert wird, welche Beratungsthemen besonders oft besprochen werden und wie viele Mitarbeiter*innen das Angebot genutzt haben. So erfährt das Unternehmen über relevante und aktuelle Gesundheitsthemen der Belegschaft und kann daraus ggfs. Maßnahmen ableiten.

2.2 Gesundheitsgespräche: Noch mehr gesundheitsfördernde Beratung

Darüber hinaus finden in Unternehmen und Organisationen aber auch weitere Gespräche rund um Gesundheitsthemen statt. Abbildung 7 gibt eine zusätzliche Übersicht.

Diejenigen Unternehmen, die das ► Betriebliche Eingliederungsmanagement (BEM) anbieten, führen *BEM-Gespräche* durch, die der Wiedereingliederung von Mitarbeiter*innen nach Krankheit dienen. In diesen Eingliederungsgesprächen, die von geschulten BEM-

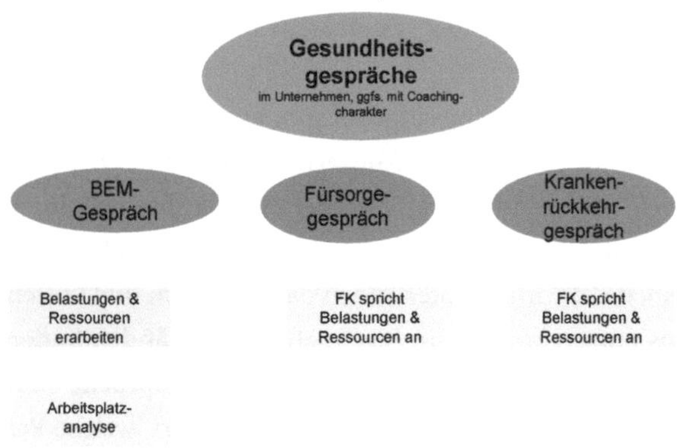

Abb. 7: Formate von Gesundheitsgesprächen

Expert*innen geführt werden, geht es um die Gesundheit der betroffenen Mitarbeiter*innen. Auch wenn so ein Gespräch kein Coaching ist, handelt es sich um professionell geführte Gespräche, die von geschulten Personen durchgeführt werden. Sehr oft wissen diese sogenannten BEM-Koordinator*innen oder BEM-Manager*innen, wie sie mithilfe von Coachingkompetenzen Eingliederungsgespräche ressourcen- und zielorientiert führen können.

Darüber hinaus werden in einigen Unternehmen *Krankenrückkehrgespräche* geführt. Meistens übernehmen das die Führungskräfte, die vorab geschult werden. Auch diese Gespräche sind eigentlich keine Coachinggespräche, jedoch erweist es sich als sehr hilfreich, wenn die Führungskräfte ressourcen- und lösungsorientiert vorgehen und Coachingkompetenzen vorher erworben haben. Sie sollten auch in der Lage sein, ein Krankenrückkehrgespräch ausschließlich zum Thema Gesundheit bzw. Rückkehrmodalitäten nach der Erkrankung (manchmal auch zu Unterstützungsmöglichkeiten beim Wiedereingliederungsprozess) zu führen. Das fällt vielen Führungskräften schwer. Oft werden Themen der Arbeitsleistung angesprochen, oder die Führungskräfte nutzen den Termin, um ihren Mitarbeiter*innen Feedback zu geben.

> Ein gutes Gesundheitscoaching oder Gesundheitsgespräch arbeitet sowohl Belastungsfaktoren als auch Bewältigungskompetenzen heraus.

Auch wenn diese Gespräche sehr unterschiedlich sind, weil sie unterschiedliche Ziele verfolgen, aber auch, weil sie von sehr unterschiedlichen Personen in vielfältigen Rollen geführt werden – ein gutes Gesundheitscoaching oder ein gutes Gesundheitsgespräch arbeitet sowohl Belastungsfaktoren als auch bereits vorhandene Bewältigungskompetenzen der Gesprächspartner*innen heraus. In Anlehnung an das systemisch-integrative Modell soll die Gestaltung einer Balance zwischen »Belastungen erkennen« und »Bewältigungsressourcen erkennen und einsetzen« im Vordergrund stehen. In der konkreten Umsetzung kann hier das Kohärenzmodell eingesetzt werden. Ich möchte Ihnen nun einige Beispiele bzw. Gesprächsanlässe vorstellen, die wir beschriebenen unterschiedlichen Gesprächs- und Coachingsituationen zuordnen können.

Erinnern Sie sich an Laura aus dem ersten Kapitel? Ihre Belastungssituation wäre Anlass genug, sich im Sinne eines *Gesundheitscoachings* entweder einen externen Coach zu suchen, den sie selbst bezahlt, oder eine unternehmensinterne Coachin, die sie nutzen kann, weil ihr Unternehmen einen Coachingpool bereithält, den sie in Anspruch nehmen kann, wenn die Personalabteilung dazu den Auftrag erteilt. Im ersten Fall bleibt ihr Belastungsproblem ihre Privatangelegenheit, im zweiten Fall wird ihr Belastungsproblem automatisch öffentlich und zieht möglicherweise auch betriebliche Konsequenzen mit sich, weil die Personalabteilung nun Mitwisserin eines Gesundheitsproblems wird. Systemisch gesehen wird sich die Personalabteilung in irgendeiner Weise dazu verhalten müssen. Je nachdem, wie Laura das Unternehmen in die Lösungssuche für ihr Belastungsproblem miteinbeziehen möchte oder nicht, wird sie sich für die erste oder die zweite Variante entscheiden.

Einmal angenommen, Lauras Firma hat eine *EAP-Beratung* beauftragt. Sollte Laura dieses Angebot nutzen, würde sie wahrscheinlich genauso wie in den beiden anderen Fällen auf eine*n Gesundheitscoach*in treffen, allerdings ist dann die Anzahl der Stunden, die sie in Anspruch nehmen kann, begrenzt, und die Eckdaten dieser Beratung fließen in die statistische Auswertung mit ein. Ihr Unternehmen wird anonym davon erfahren, dass sie mit ihrem Belastungsthema Beratung beansprucht hat.

Immer dann, wenn Mitarbeiter*innen länger als dreißig Tage im Zeitraum eines Jahres arbeitsunfähig gemeldet sind, haben sie das Recht, im Rahmen des Gesetzes zur betrieblichen Eingliederung von ihrem Arbeitgeber eingegliedert zu werden (► Betriebliches Eingliederungsmanagement). Das Unternehmen muss auf diesen Fall vorbereitet sein und vorab eine Dienst- oder Betriebsvereinbarung erarbeitet haben. Im Zuge dieser Vorbereitung schreiben die Personalabteilungen die betreffenden Mitarbeiter*innen an, die in diese 30-Tage-Regelung fallen. Der Erkrankungsgrund kann übrigens unterschiedlich sein, es muss nicht immer eine einzige Erkrankung sein, um das BEM nutzen zu können. Sollte Laura aufgrund ihrer Erschöpfung länger krankheitsbedingt ausfallen, kann sie anschließend ein BEM-Verfahren in Anspruch nehmen. Dann werden Eingliederungsgespräche organisiert, oft werden sie von einer*einem BEM-Expert*in geführt, der*die für diese Gespräche extra ausgebildet ist.

Je nachdem, was in der Betriebs- oder Dienstvereinbarung festgelegt wurde, werden diese Gespräche manchmal auch von den Führungskräften geführt. Ein BEM-Gespräch ist kein Coaching, dennoch sind Gesprächselemente aus dem Gesundheitscoaching auch im BEM-Gespräch sehr hilfreich. So sollte ein*e BEM-Expert*in auch hier lösungs- und ressourcenorientiert vorgehen. Im Falle von Laura könnten zum Beispiel die Belastungen am Arbeitsplatz analysiert werden. Weiterhin lassen sich neben den Belastungen auch persönliche und betriebliche Bewältigungsressourcen erarbeiten.

Nicht jeder Betrieb ist auf ein BEM-Verfahren vorbereitet. Alternativ finden nach einer Arbeitsunfähigkeit *Rückkehrgespräche* statt. Diese werden meistens von dem*der Vorgesetzten geführt. Auch hier – ähnlich wie im BEM-Gespräch – ist der Nutzen dieser Gespräche sehr stark davon abhängig, wie professionell das Gespräch geführt wird. Wenn Laura beispielsweise in ihrer oben beschriebenen Belastungssituation zunächst erkrankt und dann an ihren Arbeitsplatz zurückkehrt, wären Vorwürfe wenig hilfreich. Stattdessen bewirkt eine Atmosphäre von Offenheit, Vertrauen und Verständnis, dass sie über Probleme und Belastungen offen mit ihrem*ihrer Chef*in reden kann, ohne befürchten zu müssen, dass sie im Anschluss mit negativen Konsequenzen rechnen muss.

2.3 Systemisch-lösungsorientiert und ressourcenorientiert beraten: Eine Basisstruktur

Ich möchte Ihnen nun am Beispiel dieser vier Gesprächs- bzw. Coachingsituationen vorstellen, wie systemisch-lösungsorientiert und ressourcenorientiert gearbeitet werden kann. Während die ersten beiden Gesprächssituationen von der Form her als Gesundheitscoaching bezeichnet werden können, sind die Situationen drei und vier eher Gesundheitsgespräche, die im betrieblichen Kontext stattfinden und idealerweise von einer Person geführt werden, die Coachingkompetenzen im Bereich Gesundheit mitbringt.

Zunächst möchte ich den Begriff »Coaching« etwas genauer definieren, um ihn von einem Gesundheitsgespräch abgrenzen zu können. Anschließend stelle ich Ihnen einen Leitfaden vor, der genaue methodische Anhaltspunkte liefert, wie ein Gespräch geführt wird, das als Gesundheitscoaching eingeordnet werden kann, und wie ein Gesundheitsgespräch im betrieblichen Kontext methodisch geführt werden kann.

Siegfried Greif (2008) definiert Coaching als Beratungsform im beruflichen Kontext folgendermaßen: »Coaching ist eine intensive und systematische *Förderung ergebnisorientierter Problem- und Selbstreflexion* sowie *Beratung* von Personen und Gruppen zur Verbesserung der Erreichung selbstkongruenter Ziele oder zur bewussten Selbstveränderung und Selbstentwicklung. Ausgenommen ist die Beratung und Psychotherapie psychischer Störungen« (S. 59).

Für das systemische *Gesundheitscoaching* würde ich eine etwas veränderte Definition bevorzugen: Gesundheitscoaching ist eine professionelle, ziel- und ressourcenorientierte Förderung gesundheitsförderlicher Kompetenzen rund um Bewegung, Ernährung, Lebensstil und Lebenseinstellung sowie einer Kommunikation mit privaten und beruflichen Partner*innen, die sich zum Ziel setzt, den*die Kund*in in seiner*ihrer individuellen Entwicklung lebensphasenorientiert zu unterstützen und ihn*sie begleitet, eine individuelle und einzigartige Balance (wieder-)herzustellen.

Zu ergänzen sei noch, dass ein*e Gesundheitscoach*in am besten sowohl eine Coachingausbildung absolviert hat als auch über Wissen über Resilienz, Salutogenese, Achtsamkeit, Entspannungsverfahren und die Zusammenhänge von psychischer Belastung am Arbeitsplatz verfügen sollte. Je nach Schwerpunkt können außerdem Kenntnisse im Bereich Bewegung, Entspannung und Ernährung von Bedeutung sein. Die Basisstruktur in Abbildung 8 soll eine Orientierung geben, wie Gesundheitsgespräche und Gesundheitscoachings geführt werden können.

Abb. 8: Prozessstruktur Gesundheitscoaching und Gesundheitsgespräche

Phase 1: Problem/Anliegen

- Gesundheitscoaching: Der*die Klient*in beschreibt das Problem, die Belastung.
- Gesundheitsgespräch: Beide Gesprächspartner*innen beschreiben das Problem, die Belastung aus ihrer Sicht. Beim Gesundheitsgespräch kann es in einigen Fällen passender sein, sofort das Ziel des Gesprächs zu formulieren.

Phase 2: Auftrag/Ziel

- Gesundheitscoaching: Coach*in erarbeitet mit Klient*in einen Coachingauftrag.
- Gesundheitsgespräch: Beide Gesprächspartner*innen formulieren ihre Ziele, ggfs. sind diese kontrovers. Die gesprächsführende Person erfragt ggfs. das Ziel des*der Mitarbeiter*in.

Phase 3: Vertiefungs-/Konkretisierungsphase

- Gesundheitscoaching: Der*die Coach*in wählt passende Methoden und Interventionen aus, die dem*der Klient*in helfen, sein*ihr Ziel zu erreichen. In dieser Phase können auch persönliche Verhaltensmuster oder Grundeinstellungen erörtert werden, die im Sinne des Coachingauftrags verändert werden sollen.

- Gesundheitsgespräch: Hintergründe und Ursachen der Belastung bzw. Erkrankung werden diskutiert bzw. erarbeitet. Eventuell findet auch jetzt anstatt eines Gesprächs eine Arbeitsplatzanalyse statt oder andere Personen, vielleicht Expert*innen (zum Beispiel Therapeut*innen oder Betriebsärzt*innen) werden zum Gespräch dazu geholt, um Informationen und/oder Ratschläge zu geben. In BEM- oder Krankenrückkehrgesprächen werden nur selten privat-persönliche Themen besprochen. Meistens wird von allen Beteiligten, insbesondere von dem*der Mitarbeiter*in eine klare Grenze gezogen. Er*sie entscheidet selbst, wie persönlich es jetzt inhaltlich wird.

In beiden Gesprächsverläufen wird die Vertiefungs- oder Konkretisierungsphase mit Übungen angereichert. Im Gesundheitscoaching lernen die Klient*innen vielleicht Entspannungstechniken, die sie in ihren Alltag integrieren. Sie üben möglicherweise, wie es ihnen gelingt, sich im Berufsalltag bewusst abzugrenzen, anstatt zu allem Ja zu sagen. Im Verlauf eines BEM-Gesprächsprozesses kann es jetzt zu Erprobungs- oder Eingliederungsphasen kommen, die dann regelmäßig im Rahmen der BEM-Gespräche ausgewertet werden.

Phase 4: Lösung/Transfer

Der Übergang zwischen Vertiefungs- und Lösungsphase ist fließend. Wenn man etwas ausprobiert, übt man meistens schon. Trotzdem ist es in beiden Gesprächsformaten wichtig, Erkenntnisse (das sind ja auch Lösungen) bewusst zu machen oder sie im Falle eines BEM-Gesprächs mit anderen Personen (Kolleg*innen, Vorgesetzten) zu teilen. Zum Transfer gehört es außerdem, zu besprechen, wie neue Verhaltensweisen oder Vereinbarungen realistisch verankert werden können. Systemische Fragen helfen, das Erreichte in die Zukunft zu transportieren.

2.4 Praxisbeispiel Gesundheitscoaching

Sie haben Laura bereits kennengelernt. Im folgenden Abschnitt stelle ich Ihnen konkrete Gesprächsausschnitte aus einem Gesundheitscoaching und einem BEM-Gespräch vor. In beiden Beispielen wende ich die oben beschriebene Basis-Gesprächsstruktur an. Darüber begegnen Sie jetzt schon in diesen Gesprächsausschnitten Coachingtechniken, die wir im dritten Kapitel erklären und vertiefen werden. Wir beginnen mit einem Ausschnitt aus der ersten Sitzung eines Gesundheitscoachings.

Phase 1: Problem/Anliegen

Laura überlegt kurz, in welchem der beiden schwarzen Sessel, die ihr Coach Martin Wollner ihr gerade angeboten hat, sie Platz nehmen soll. Sie entscheidet sich für den Blick aus dem Fenster und atmet erst einmal tief aus.

»Herzlich willkommen, Frau Lehmann, in meiner Coachingpraxis. Wir haben ja schon am Telefon kurz besprochen, was Ihr Anliegen ist. Deswegen falle ich jetzt einfach mal mit der Tür ins Haus und frage: Wobei kann ich Ihnen behilflich sein?«

Ihr Coach schaut sie freundlich und aufmerksam an. Laura hält kurz inne, bevor sie loslegt:

»Mir geht es eigentlich schon seit Monaten schlecht. Ich kann gar nicht genau sagen, womit es angefangen hat. Ich arbeite in Teilzeit als Journalistin in einem Verlag. Die Arbeit gefällt mir gut, ich bin da schon seit zehn Jahren. In den letzten drei Jahren ist es immer anstrengender geworden. Das hängt bestimmt auch damit zusammen, dass ich eine vierjährige Tochter habe und seit drei Jahren halt die privaten und beruflichen Anforderungen irgendwie unter einen Hut bekommen muss. Und das stresst mich enorm. Am Limit zu sein gehört mittlerweile zu meinem Lebensgefühl. Mein Mann ist freiberuflich tätig, er verdient als IT-Consultant ganz gut Geld, ist aber auch oft nicht zu Hause, weil er beim Kunden ist. Seine Anwesenheit fehlt mir, gar nicht mal, weil er mir dann bestimmte Arbeiten im Haushalt oder mit der Betreuung der Kleinen abnehmen kann, sondern einfach, weil mich seine reine physische Anwesenheit beruhigt und entspannt. Übers Telefon funktioniert das leider gar nicht. Seit einigen Monaten plagen mich Schlafstörungen. Seitdem fühle ich mich noch erschöpfter, und jetzt ist auch eine gewisse Leere dazu gekommen. Ich habe keine Lust mehr, meine Freunde zu treffen, ich habe keine Lust mehr, Sport zu machen, und so langsam fühlt sich alles, was ich mache, sinnlos an.« Sarah stockt und schaut ihren Coach an. Sie ist selbst fast ein bisschen erschrocken über das, was sie da ausspricht. Es klingt plötzlich dramatischer, als sie es selbst bisher wahrgenommen hat.

»Mmh, also wenn ich Sie richtig verstehe, spüren Sie schon seit Längerem, dass Sie erschöpft sind, vielleicht ein bisschen wie aus der Balance geraten?«

Coachingtechnik: aktives Zuhören

Laura nickt: »Genau, aus der Balance geraten trifft es, oder genauer gesagt fühlt es sich eher an, wie in einem Hamsterrad zu sein, aus dem ich nicht mehr herauskomme.«

»Verstehe, okay. Und ich habe Sie so verstanden, dass der Stress größer geworden ist, seitdem Ihre Tochter auf der Welt ist bzw. seitdem Sie in Ihrer Rolle als Mutter das private Leben und die Anforderungen Ihrer Tätigkeit als Journalistin unter einen Hut bekommen müssen?«

Coachingtechnik: aktives Zuhören

»Ja genau, so empfinde ich das.«

»Und Ihr Mann ist Ihnen eigentlich eine gute Stütze, aber leider ist er beruflich oft unterwegs, und dann fühlen Sie sich trotz des Kontakts am Telefon allein mit den ganzen Anforderungen?«

Coachingtechnik: aktives Zuhören

»Ja, und das deprimiert mich dann noch mehr, dieses Gefühl von Alleinsein. Ich komme mir dann oft irgendwie blöd vor, schließlich habe ich ja nur ein Kind. Ich kenne einige Kolleginnen, die haben zwei oder drei Kinder. Die scheinen das irgendwie leichter hinzubekommen, jedenfalls höre ich von denen keine Klagen. Dann komme ich mir oft richtig unfähig vor.«

»Das kann ich gut verstehen, Frau Lehmann. Es scheint so, als kämen andere mit der gleichen Situation besser klar. Zumindest scheint es so. Haben Sie sich denn mit diesen Kolleginnen schon mal intensiver über diese Belastungsproblematik unterhalten?«

Coachingtechnik: empathische Reaktion, geschlossenes sachliches Nachfragen

»Nein, eigentlich bisher nicht. Wie gesagt, ich komme mir dann immer so blöd und unfähig vor und stelle mir vor, dass die anderen mich auslachen wegen des bisschen Aufwands mit nur einem Kind.«

»Verstehe – und so wie ich Sie verstanden habe, gibt es eigentlich schon bewährte Lösungsansätze wie Sport treiben oder Freunde treffen, aber im Moment gelingt es Ihnen nicht, sich dazu zu motivieren. Fast wie ein Teufelskreis? Das, was eigentlich guttut, kann man nicht machen, weil man zu erschöpft ist?«

Coachingtechnik: aktives ressourcenfokussiertes Zuhören

»Ja genau – es ist paradox: Ich versuche, mich aufzuraffen, schaffe es aber nicht. Ich bin seit Wochen nicht mehr beim Sport gewesen, nicht einmal, wenn mein Mann da ist und ich problemlos gehen könnte."

»Frau Lehmann, ich kann gut verstehen, dass diese Situation für Sie belastend ist, und ich habe im Moment das Gefühl, Ihre akute Situation vorerst erfasst zu haben. Haben Sie denn das Gefühl, dass ich Sie so erst einmal gut verstanden habe?«

Coachingtechnik: aktives empathisches Zuhören

»Ja, auf jeden Fall. Ich habe das Gefühl, bei Ihnen bin ich mit meinem Problem richtig.«

»Sehr schön, dann möchte ich Ihnen jetzt eine weitere Frage stellen: Mal angenommen, wir könnten die Zeit ein halbes Jahr weiter in die Zukunft drehen, und ich stelle mir vor, wir säßen hier ein halbes Jahr später, also Ende des Jahres, und Sie erzählen mir, dass sich die Situation, die Sie jetzt als sehr belastend erleben, verbessert hat. Was wäre dann anders?«

Coachingtechnik:
lösungsorientierte Zukunftsprogression

Laura lehnt sich im Sessel zurück und schweigt einen Moment. Sie überlegt ganz genau, bevor sie antwortet:

»Hmh, also ich würde Ihnen auf jeden Fall erzählen, dass ich wieder gut und fest schlafe. Außerdem würde ich mich nicht mehr so k. o. fühlen ...«

»Verstehe ... und wenn Sie sich nicht so k. o. fühlen, wie fühlen Sie sich stattdessen?«

Coachingtechnik: lösungsorientierte Frage

»Irgendwie leichter, entspannter, ich hätte mehr Zeit für mich, und ich würde mehr lächeln.«

»Sehr schön, Sie sind dann entspannter, und das merken Sie daran, dass Sie mal wieder lächeln. Woran würden Sie das noch merken?«

Coachingtechnik: reflexives, lösungsorientiertes Nachfragen

Laura lässt sich noch ein bisschen mehr in den Sessel fallen und überlegt einen kleinen Moment, bevor sie antwortet:

»Ich hätte einfach wieder mehr Kraft … und auch mehr Spaß an allem Möglichen … irgendwie wieder mehr Spaß am Leben …«

Beide schweigen einen langen Moment. Es ist spürbar, dass das Gespräch an einem bedeutsamen Punkt angelangt ist. Dann fragt Martin Wollner weiter:

»Was denken Sie, wer merkt als Erster, dass die Lebensfreude und Ihre Kraft wieder zurückgekehrt sind?«

Coachingtechnik: zirkuläre Frage

»Mmh, ich glaube, meine Tochter … vielleicht auch mein Mann, aber ich denke, meine Tochter spürt es noch ein bisschen eher. Sie ist so sensibel, und ich glaube, sie spürt schon sehr lange, dass es mir nicht mehr gut geht.«

Bis hier hat der Gesundheitscoach die erste Phase des Coachinggesprächs beendet. Er hat systemisch-lösungs- und ressourcenorientiert das Problem seiner Klientin exploriert und führt sie langsam in Richtung Anliegen und Zielklärung.

Wir steigen einen Moment später ein, wenn Martin gemeinsam mit Laura die Ziele des Coachings erarbeitet.

Phase 2: Auftrag/Ziel

»Frau Lehmann, ich habe verstanden, dass Sie hier sind, um mehr Kraft und Energie zurückzugewinnen, die Lebensfreude und Leichtigkeit und nicht mehr so ausgelaugt und erschöpft sein möchten. Was denken Sie, wie kann ich Ihnen dabei behilflich sein?«

Coachingtechnik: zielorientierte Frage

»Ich denke, ich brauche Techniken, wie ich mit meinem Stress besser umgehe. Und ich brauche Rat und Unterstützung, wie ich es schaffen kann, wieder mehr für mich zu tun. Zum Beispiel zum Sport gehen oder Freunde treffen. Da möchte ich meinen Schweinehund überwinden.«

»Okay, also wir nehmen uns Zeit, dass ich Ihnen bewährte Stressbewältigungstechniken vorstelle, und wir schauen, was Sie im Moment daran hindert, die guten Vorsätze umzusetzen, richtig?«

Coachingtechnik: aktives Zuhören

»Genau.«

»Stellen Sie sich einmal vor, die Beratung, die jetzt gerade hier bei mir beginnt, wäre schon beendet, und wir hätten heute die letzte Stunde. Und jetzt stellen Sie sich einmal vor, Sie sagen, es hat sich gelohnt, sich auf diesen Beratungsprozess einzulassen. Was würden Sie mir dann erzählen, was wir noch erarbeitet oder besprochen haben?«

Coachingtechnik: ziel- und lösungsorientierte Zukunftsprogression

»Na ja, ich erhoffe mir auch, dass ich an mir selbst arbeite. Viele Dinge weiß ich ja schon, setze sie aber nicht um. Ich kann es noch nicht ganz genau fassen, aber ich brauche eine andere Einstellung zu allem. Mich stört es beispielsweise, dass ich immer alles so perfekt machen muss. Da stehe ich mir selbst im Wege und kann es gleichzeitig nicht ändern. Verstehen Sie, was ich meine?«

»Ja, sehr gut. Vielen Menschen, die zu mir in die Praxis kommen, geht es so wie Ihnen. Ich nenne das die Arbeit an den eigenen Mustern. Jeder Mensch hat im Laufe seines Lebens bestimmte Verhaltensmuster im Umgang mit Stress und Belastungen erlernt. Oft sind sie uns nicht bewusst. Häufig merken wir aber, dass eingefahrene Muster nach vielen Jahren oder Jahrzehnten einfach nicht mehr funktionieren. Das ist ganz normal. So kann es sinnvoll und erfolgreich sein, ein Perfektionist zu sein, aber wenn sich das eigene Leben ändert und man plötzlich sehr viele ›Baustellen‹ im Leben zu bewältigen hat, hält man es nicht mehr durch, perfektionistisch zu sein, es macht dann keinen Sinn mehr. Dann kann es hilfreich sein, das Muster ›Perfektionismus‹ zu verändern. Ist es das, was Sie meinen?«

Coachingtechnik: arbeiten mit der Hypothese »Muster«

»Ja, genauso meine ich das. Ich hätte es nur nicht so auf den Punkt ausdrücken können.«

»Dann fasse ich mal zusammen, dass Sie hier sind, um Techniken zu erlernen, mit Ihrem Stress besser umzugehen, aber auch an mehr oder weniger unbewussten Mustern arbeiten möchten, die in puncto Stressbewältigung nicht mehr zu Ihrer momentanen Lebenssituation passen.«

Coachingtechnik: aktives Zuhören – Paraphrasieren

Martin hat den Coachingauftrag zusammengefasst. Die Arbeit an den inneren Mustern spielt bei der Stressbewältigung häufig eine Rolle, ist vielen Kunden*Kundinnen aber zu Beginn eines Coachingprozesses noch nicht bewusst. Martin hat in der Phase der Auftragsklärung vorsichtig nachgeforscht, ob Laura sich auch in diesem Punkt etwas Neues erarbeiten möchte. Die Selbstreflexion funktionaler bzw. dysfunktionaler Stressbewältigungsmuster kann auch erst später als Beratungsziel dazukommen.

Die dritte Gesprächsphase, die Vertiefungs- oder Konkretisierungsphase, werden wir im nächsten Kapitel besprechen. Hier kommen im Coaching sehr unterschiedliche methodische Interventionen zum Einsatz.

2.5 Praxisbeispiel Gesundheitsgespräch

Einmal angenommen, Laura ist aufgrund ihrer chronischen Erschöpfung krankgeschrieben und fällt insgesamt vier Wochen lang aus. Wenn sie im Zeitraum eines ganzen Jahres dreißig Tage lang arbeitsunfähig war – und das kann durchaus auch andere Erkrankungsgründe betreffen, zum Beispiel eine harmlose Erkältungskrankheit – dann kann sie sich nach dem BEM-Verfahren wieder eingliedern lassen. Wenn wir davon ausgehen, dass Lauras Arbeitgeber zum BEM eine Betriebsvereinbarung geschlossen hat, wird sie im Rahmen ihrer Wiedereingliederung mit mindestens einem*einer BEM-Expert*in sprechen. Dieses BEM-Gespräch klassifizieren wir als eine Form von Gesundheitsgespräch. In einigen Fällen wird dieses Gespräch auch von der eigenen Führungskraft oder einem*einer Vertreter*in der Personalabteilung geführt. Das wird je nach Betriebsvereinbarung unterschiedlich geregelt. In unserem Praxisbeispiel gehe ich davon aus, dass die Personalentwicklungsmitarbeiterin Lena Klausmann dieses Gespräch mit Laura führt. Wieder beschreibe ich in diesem Kapitel zunächst die ersten beiden Phasen dieses Gesundheitsgesprächs. Im folgenden Kapitel gehe ich dann auf die dritte und vierte Phase eines Gesundheitsgesprächs ein.

Phase 1: Problem/Anliegen

»Hallo Frau Lehmann, schön, dass Sie diesen Termin so schnell möglich machen konnten. Bitte nehmen Sie doch Platz.«

»Danke«, Laura kennt das Büro von Frau Klausmann, doch dieses Mal betritt sie es anders als früher mit einem leicht mulmigen Gefühl. Sie weiß immer noch nicht genau, was sie in diesem Gespräch eigentlich erwartet, obwohl sie sich ja bewusst für dieses BEM entschieden hat.

»Frau Lehmann, ich freue mich, dass Sie sich für das BEM-Verfahren entschieden haben. Den Ablauf kennen Sie ja bereits aus den Informationsunterlagen, oder?«

»Ja, ich habe mir alles durchgelesen, wobei ich nicht alles genau verstanden habe.«
»Kein Problem, wir haben ja heute auch noch genügend Zeit, einzelne Punkte durchzugehen, die noch unklar sind. Doch zunächst einmal möchte ich Sie fragen, wie es Ihnen geht?«

Gesprächstechnik: offene Frage/Joining

»Ganz gut so weit. Die Auszeit, ich meine, die Krankschreibung, hat mir sehr gut getan, und ich fühle mich schon viel besser als vor acht Wochen.«

»Das freut mich sehr. Bevor wir vielleicht später noch mal auf Ihren Gesundungsprozess eingehen, möchte ich zunächst mit Ihnen besprechen, was Ihnen heute für dieses Gespräch alles wichtig ist. Gibt es Themen oder Fragen, die Sie mitbringen und die wir unbedingt besprechen sollten?«

Gesprächstechnik: die Gesprächspartnerin beteiligen und Proaktivität fördern

»Äh, ja … Ich weiß nicht. Also ja, ich möchte natürlich darüber sprechen, was mich jetzt in der Eingliederung alles an Aufgaben erwartet … Ich bin mir im Moment noch nicht ganz sicher, was ich gerade schaffen kann und was mir noch zu viel ist.«

»Ja, das kann ich mir gut vorstellen, und genau das ist ein wichtiger Punkt, den ich auch mit Ihnen besprechen möchte. Ich will Sie mit meiner Frage nicht verunsichern, Sie wollen vielleicht auch erst einmal was von mir hören, oder?«

»Ja, das stimmt, das wäre gut …«

»Aber ich möchte Ihnen mit dieser Frage auch ganz klar signalisieren, dass ich zwar einen roten Faden habe, wie wir im BEM vorgehen, dass Sie aber von vornherein sehr viel mitbestimmen können. Ich werde Sie im Laufe unserer Gespräche – und das werden vielleicht mehrere Termine sein – immer mal wieder fragen, was Ihnen wichtig ist. Ich gehe davon aus, dass Wiedereingliederung und Gesundwerden sehr viel damit zu tun hat, immer wieder auf die eigenen Bedürfnisse und Anliegen zu schauen. Aber zunächst einmal zu dem, was ich von diesem ersten Gespräch erwarte: Ich möchte verstehen und besprechen, was genau für Sie am Arbeitsplatz vor Ihrer Erkrankung belastend war, und ich möchte auch mit Ihnen besprechen, was genau wir hier im Verlag tun können, um Sie im Eingliederungsprozess voll und ganz zu unterstützen.«

Gesprächstechnik: eigenes Anliegen formulieren

»Okay, das kann ich ehrlich gesagt auch nicht so genau sagen, was mich hier belastet hat. Da müsste ich erst mal nachdenken.«

Phase 2: Auftrag/Ziel

»Klar, das braucht vielleicht auch erst einmal Zeit. Aber wenn Sie sich vorstellen, mal angenommen, der Wiedereingliederungsprozess, der jetzt beginnt, wäre schon vorbei, und wir säßen hier zu unserem letzten Termin, und Sie würden mir sagen, dass der BEM-Prozess für Sie hilfreich war, woran würden Sie das festmachen?«

»Hmmh, gute Frage … Na ja, ich würde es daran festmachen, dass ich wieder mit Freude zur Arbeit gehe und mir sicher sein kann, dass ich mich nicht überfordere.«

»Verstehe, es ist Ihnen also wichtig, dass Sie hier am Arbeitsplatz Freude haben und nicht überfordert werden, richtig?«

»Ja, genau. Und da ich im Moment selbst nicht so genau weiß, was da alles berücksichtigt werden muss, wäre es gut, wenn ich das auch mit meinem Chef und den Kolleg*innen besprechen kann. Ich möchte nicht als die Kranke abgestempelt werden, sondern es gibt da einige Dinge rund um die Planung der Aufgaben, die einfach nicht gut laufen und die mich in letzter Zeit sehr gestresst haben.«

»Sehr gut. Da haben wir ja schon einen konkreten Punkt. Es wäre gut, gemeinsam mit Ihrem Chef und dem Team mal einige Stress- und Belastungspunkte durchzugehen. Verstehe ich Sie da richtig?«

Gesprächstechnik: aktives Zuhören

»Ja, genau. Das wäre wirklich optimal!«

»Prima. Und wenn ich das noch von meiner Seite ergänzen darf: Mir ist es wichtig, in diesem BEM-Prozess zunächst mit Ihnen zu analysieren: Wo entstehen am Arbeitsplatz Belastungen, die wir jetzt im Eingliederungsprozess vermeiden können? Wie können wir da die Kolleg*innen und Ihren Chef mit einbinden? Wo sind aber auch Grenzen der Eingliederung? Und wie können wir Sie so gut wie möglich mit Ihren Bedürfnissen miteinbeziehen? Unserer Erfahrung nach hat es sich bewährt, da systematisch vorzugehen, und im Rahmen unserer Dienstvereinbarung sieht der erste Prozessschritt auch eine Arbeitsplatzanalyse vor. Wir machen das immer hier im Gespräch mit Ihnen und mit Ihrem

Vorgesetzten. Das heißt, wir haben hier kein kompliziertes Messinstrument für psychische Belastungen, sondern besprechen das gemeinsam anhand eines Fragenkatalogs. Und so wie ich Sie jetzt verstanden habe, deckt sich das auch ungefähr mit Ihren Vorstellungen, oder?«

Gesprächstechnik: eigenes Ziel formulieren

»Ja stimmt. Jetzt kann ich mir das auch schon ein bisschen besser vorstellen. Starten wir denn gleich heute mit dieser Arbeitsplatzanalyse?«

»Von mir aus gerne. Ich würde dann heute zunächst mit Ihnen alles rund um Belastungen an Ihrem Arbeitsplatz besprechen und dann einen Termin mit Ihrem Vorgesetzten vereinbaren. Wenn Sie möchten, können wir aber auch gleich gemeinsam mit ihm einen Termin vereinbaren und alles zusammen besprechen. Das überlasse ich Ihnen.«

Gesprächstechnik: die Mitarbeiterin beteiligen und Proaktivität fördern

»Das passt für mich, ich würde das gerne mit ihm direkt besprechen.«

2.6 Gesprächsführung unter der Lupe: Interventionstechniken und Vorgehensweisen

Sicherlich ist Ihnen aufgefallen, dass es zwar viele Gemeinsamkeiten in der Gesprächsführung gab, aber auch einige Unterschiede (siehe Tabelle 1). In diesem Abschnitt möchte ich mir mit Ihnen gemeinsam die Unterschiede und Gemeinsamkeiten auf der methodischen Interventionsebene anschauen.

Tabelle 1: Vergleich methodisches Vorgehen im Gesundheitscoaching und im Gesundheitsgespräch

	Methodisches Vorgehen im Gesundheitscoaching	**Methodisches Vorgehen im Gesundheitsgespräch**
Phase 1: Problem/ Anliegen klären	aktives Zuhören Verständnis zeigen sachliches Nachfragen aktives, ressourcenorientiertes Zuhören aktives, empathisches Zuhören lösungsorientierte Zukunftsprogression lösungsorientiertes Fragen reflexives, lösungsorientiertes Fragen zirkuläres Fragen	offene Frage/Joining den*die Gesprächspartner*in beteiligen und Proaktivität fördern eigenes Anliegen formulieren
Phase 2: Auftrag/ Ziel formulieren	zielorientiertes Fragen aktives Zuhören ziel- und lösungsorientierte Zukunftsprogression arbeiten mit der Hypothese »Muster«	aktives Zuhören eigenes Ziel formulieren den*die Gesprächspartner*in beteiligen und Proaktivität fördern.

Wenn Sie das methodische Vorgehen vergleichen, erkennen Sie recht schnell den Unterschied: Im Gesundheitsgespräch arbeitet die gesprächsführende Person stärker mit eigenem Anliegen und eigenen Zielen. Darüber hinaus stellt sie einen konkreten Ablaufplan vor. Im Gegensatz dazu arbeitet der*die Gesundheitscoach*in stärker mit beziehungsverstärkenden Elementen und nimmt sich mehr Zeit mit dem Herausarbeiten der Ziele und Bedürfnisse der Coachees. Der Vorschlag zum weiteren Vorgehen ist hypothesengeleitet.

Im nächsten Kapitel stelle ich Ihnen anhand konkreter Praxisbeispiele aus dem Gesundheitscoaching weitere methodische Vorgehensweisen vor. Wir werden uns diesen Methoden und Interventionen genauer zuwenden und je nach Anliegen der Kunden auch unterschiedliche systemische Vorgehensweisen kennenlernen. Abschließend werden wir die systemischen Interventionen dahingehend überprüfen, inwiefern sie auch im Rahmen von Gesundheitsgesprächen Anwendung finden können, bzw. werden erarbeiten, welche Ansätze im Unterschied zum Gesundheitscoaching in ein Gesundheitsgespräch passen.

> Im Gesundheitsgespräch werden Anliegen und Ziele der gesprächsführenden Person anhand eines Ablaufplans stärker eingebracht. Im Gesundheitscoaching stehen die Ziele und Bedürfnisse der Coachees stärker im Vordergrund.

Zusammenfassung

Als Orientierung für die Planung und Durchführung systemisch-lösungsorientierter Gesundheitscoachings bzw. Gesundheitsgespräche kann mit der Basisstruktur »Gesundheitscoaching und Gesundheitsgespräche« gearbeitet werden. Im Rahmen eines Gesundheitscoachings werden Hintergründe anders vertieft als im Gesundheitsgespräch. In der Rolle als Führungskraft oder Fachexpert*in können auch eigene Aufträge und Gesprächsziele erarbeitet werden.

3 Gesundheitscoaching in der Praxis: Wie es gehen kann

In diesem Kapitel möchte ich Ihnen Methoden und Herangehensweisen vorstellen, die einen systemisch-orientierten Coachingprozess charakterisieren. Auch wenn ich in erster Linie Methoden vorstelle, ist es mir besonders wichtig, auf die schon im ersten Kapitel erwähnten *systemischen Grundhaltungen* hinzuweisen, die aus meiner Sicht mindestens genauso bedeutsam für einen Beratungserfolg sind wie die Methoden selbst.

3.1 Für die Grundausstattung: Die systemische Haltung des*der Coach*in

Im ersten Kapitel hatte ich vor dem Hintergrund der Systemtheorie folgende systemische Grundannahmen formuliert:

- die Autopoiese und die System-Umwelt-Unterscheidung,

- die Haltung des Nichtwissens als Gesundheitscoach*in,
- die Annahme, dass jede*r Klient*in Expert*in seines*ihres eigenen Lebens ist,
- die These, dass Gesundheit sich kontextbezogen entwickelt.

Daran anknüpfend sind folgende Grundhaltungen eines*einer Gesundheitscoach*in bedeutsam:

- Menschen kommen mit Problemen in das Coachinggespräch, haben aber immer mehr oder weniger bewusste Kompetenzen und Ressourcen, die sie aktiv nutzen können, um für sie passende Lösungen zu erarbeiten. Es kann sein, dass die jeweilige Person diese Kompetenzen und Ressourcen momentan nicht wahrnehmen kann. Dann ist es umso wichtiger, dass der*die Gesundheitscoach*in sich einen ressourcenorientierten Blick bewahrt (Grundannahme der Autopoiese).
- Da jede*r Coach*in immer mit eigenen Weltanschauungen und Meinungen in ein Beratungsgespräch geht, ist es hilfreich, sich dessen bewusst zu sein, um sich dann zumindest für den Zeitraum eines Gesprächs davon bewusst wieder zu lösen. Gerade im Umgang mit Gesundheitsthemen neigen wir dazu, aufgrund eigener Meinungen und Wirklichkeitskonstruktionen Ratschläge zu geben: »Machen Sie mehr Sport«, »Unternehmen Sie mehr mit Ihren Freunden«, »Arbeiten Sie weniger« etc. Systemisch gesehen können wir nicht wissen, ob diese Pauschalratschläge für die Person, die gerade vor uns sitzt, wirklich passen. Auch dann

nicht, wenn sie von Ärzt*innen und Ratgeber*innen gut gemeint allgemeingültig verbreitet werden. Die *Haltung des Nichtwissens* ermutigt den*die Gesundheitscoach*in, möglichst neutral einen Coachingprozess zu beginnen und innerlich den »Resetknopf« zu drücken, um so frei wie möglich von Vorannahmen zu sein.

- Als Gesundheitscoach*innen dürfen wir unseren Klient*innen *vertrauen, dass sie selbst in der Lage sind, Lösungen für ihre Probleme zu finden* und vor allem Lösungen zu erarbeiten, die speziell für ihren Lebenszusammenhang passen.
- Ein Gesundheitscoaching ist auch nur ein Kontext von vielen anderen. Es kann sein, dass Klient*innen im Gespräch sehr offen und veränderungsbereit werden, aber in ihren sozialen Kontexten mit den im Coaching erarbeiteten Vorschlägen nicht weiterkommen, weil sie dort nicht unterstützt werden. Aus dem *Bewusstsein und der Grundhaltung der Kontextbezogenheit* heraus haben sich zum Beispiel die zirkulären Fragen bewährt, weil es mithilfe dieser Methodik gelingt, Zweifel, Bedenken und Widerstände aus dem Freundes-, Familien- und Arbeitsumfeld in den Coachingprozess miteinzubeziehen.
- In der Rolle des*der Gesundheitscoach*in ist eine regelmäßige Selbstreflexion empfehlenswert. Um herausfordernde Situationen zu reflektieren, eignet sich eine Supervision, entweder in Form von Einzelsitzungen oder auch gemeinsam mit Kolleg*innen. Sich selbst in der Rolle als Gesundheitscoach*in zu reflektieren,

erhöht die Wahrscheinlichkeit, dass die systemischen Grundannahmen aufrechterhalten bleiben können. Darüber hinaus ist es vorteilhaft, sich im Rahmen einer regelmäßig stattfindenden Supervision auch fachlich und methodisch auszutauschen.

3.2 Für den Werkzeugkoffer: Tools für jede Coachingphase

Im letzten Kapitel hatte ich Ihnen die *Grundstruktur für Coachingprozesse und Gesundheitsgespräche* vorgestellt (siehe Abbildung 9). Auf der Basis dieser Struktur möchte ich Ihnen für jede Coachingphase passende Methoden vorstellen.

Abb. 9: Prozessstruktur Gesundheitscoaching und Gesundheitsgespräche

Phase 1: Anliegen

In dieser Coachingphase beschreiben Klient*innen in erster Linie ihre Probleme. Der*die Gesundheitscoach*in gewinnt einen ersten Eindruck, um welche Themen es geht, und nutzt den Gesprächs- bzw. Beratungsbeginn, um eine gute Arbeitsbeziehung aufzubauen (Joining). In dieser Coachingphase kann diagnostisch gearbeitet werden. Ich werde Ihnen den Gesundheits-Check und das Energiefass als Methoden vorstellen. Im Anhang verweise ich auf weitere Methoden, die in der Phase »Anliegen« diagnostisch bzw. analytisch genutzt werden können.

Phase 2: Auftrag

In dieser Phase formuliert der*die Klient*in sein*ihr Coachingziel. Wir werden beispielhaft für diese Beratungsphase ziel- und lösungsorientierte Fragen, die Zukunftsprogression und das Arbeiten mit der Fortschrittskala besprechen.

Phase 3: Vertiefung

Je nach Beratungsziel und Ausgangsproblematik kann in dieser Phase sehr vielfältig gearbeitet werden: mit Elementen des Resilienztrainings, der Reflexion innerer Antreiber oder auch mit Übungsansätzen aus dem Stressmanagement. Für die Zeit zwischen den Sitzungen sind außerdem E-Health-Apps hilfreich. Ich möchte Ihnen beispielhaft die Arbeit mit den Inneren Antreibern und Übungen des Resilienztrainings vorstellen.

Phase 4: Lösung

Sehr häufig ergeben sich schon in der ersten, zweiten und dritten Coachingphase erste Lösungsansätze. Ich würde sogar sagen, dass die Lösungsfindung ein permanenter Erkenntnis- und Übungsprozess ist, der in den Coachinggesprächen und im Alltag des*der Klient*in permanent stattfindet. Trotzdem ist es hilfreich, das Ende eines Coachingprozesses zu nutzen, um Lösungsansätze für die Zeit nach dem Coaching zu transferieren, um Bewältigungsressourcen und Kompetenzen der Klient*innen bewusster zu machen und auch um Erfolge zu feiern. Ich möchte Ihnen repräsentativ für viele andere Methoden das KRAFT-Modell und die Arbeit mit Bildkarten und mentalen Verankerungsprozessen vorstellen.

3.3 Fließende Grenzen: Wie Sie mit psychischen Belastungen und psychischen Erkrankungen im Coaching umgehen

Sehr häufig arbeiten Gesundheitscoach*innen mit unterschiedlichen Ausprägungen und Auswirkungen psychischer Belastung. Entweder bringen die Klient*innen konkrete Anliegen mit, die unmittelbar mit aktuellen psychischen Belastungen zusammenhängen (zum Beispiel Burn-out) oder es wird im Verlauf der Beratung deutlich, dass die Anliegen und Ziele (zum Beispiel Bewegungsziele oder Anliegen rund um die Bewältigung chronischer Erkrankungen) der Klient*innen die Bewältigung psychischer Belastungen implizieren.

In diesem Zusammenhang stelle ich auch nach fünfzehnjähriger Beratungspraxis als Gesundheitscoach fest, dass die Wörter »Psyche« oder »psychisch« nach wie vor negativ konnotiert sind. Systemisch gesehen ist die Psyche, oder wie Systemiker*innen sagen: das psychische System, ein neutraler Begriff, der laut DIN-Norm des Arbeitsschutzes in Belastungen und Beanspruchungen unterschieden wird (▸ ISO-Norm 10075).

Physis und Psyche gehören trotz ihrer Eigenständigkeit zusammen. Umgangssprachlich wird »Psyche« auf die negativen Beanspruchungsfolgen reduziert. Positive Aspekte von Psyche wie das Verliebtsein, die Motivation oder der sogenannte »Flow« werden übersehen. Für das Gesundheitscoaching ist es hilfreich, ein differenziertes Verständnis von »Psyche« offen zu besprechen und diesen oft missverständlichen Begriff mit dem*der Klient*in offen und kritisch zu reflektieren. Während ich diese Zeilen schreibe, ist die ganze Welt mit den Auswirkungen der Infektionsgefahr durch die Coronapandemie beschäftigt. Millionen von Menschen befinden sich in Quarantäne oder sind von Existenz- und Lebensängsten betroffen. Viele Menschen vermissen aufgrund der Abstandsregeln den Körperkontakt mit Angehörigen und Freund*innen und leiden unter Isolation und Einsamkeit. Die Coronakrise wirkt sich auch psychisch belastend aus. Gleichzeitig gibt es positive psychische Auswirkungen. Etliche Menschen profitieren davon, dass das Arbeitsleben entschleunigt wird, dass die Städte plötzlich eine bessere Luft haben. Einige Kinder freuen sich vielleicht, dass die berufstätigen Eltern ständig zu Hause sind. Andere Kinder sind eventuell genau davon besonders belastet, weil ihre Eltern wenig stützend und stabilisierend in der Quarantäne sind.

Am Ende wissen wir auch als Coach*innen nicht, wie sich Kontext- und Rahmenbedingungen auswirken. Als systemisch arbeitende Gesundheitscoach*innen hilft uns die Haltung des Nichtwissens, eine psychische Ausgangssituation nicht vorschnell zu bewerten, sondern in Ruhe hinzuhören und nachzufragen, wie der*die Klient*in selbst seine*ihre momentane Situation und deren psychische Auswirkungen bewertet.

Was, wenn eine psychische Belastung zur psychischen Erkrankung wird? Für Klient*innen ist der Unterschied zwischen psychischer Belastung und psychischer Erkrankung oft unklar. Im Gesundheitscoaching sind die Grenzen zwischen Belastung und Erkrankung fließend (► Burnout und Depression).

Beispiel: Psychische Belastung
Brigitte wendet sich an einen Gesundheitscoach, weil sie Strategien im Umgang mit ihrem beruflichen Stress erarbeiten will. Die momentane Arbeitsverdichtung empfindet sie als psychisch belastend. So leidet sie seit Längerem unter Schlafstörungen.

Beispiel: Psychische Erkrankung
Diether hat seit mehreren Jahren in seinem Job unter hohem Druck gearbeitet. Überstunden sind für ihn Routine. Eines Tages fühlt er sich so erschöpft, dass er nicht mehr zur Arbeit gehen kann. Sein Hausarzt schreibt ihn krank und überweist ihn zum Psychotherapeuten, der eine Erschöpfungsdepression diagnostiziert. Erst der stationäre Klinikaufenthalt in einer psychosomatischen Abteilung hilft ihm, die Arbeitsfähigkeit wiederzugewinnen.

In beiden Beispielen spielt das Stresserleben der Klient*innen eine Rolle. Diether jedoch braucht die Unterstützung des Gesundheitssystems, um wieder gesund zu werden. Brigitte kann ihre Stresssymptomatik durch ein Coaching auflösen. Im Unterschied zur psychischen Erkrankung müssen Klient*innen meistens keine Ärzt*innen oder Psychotherapeut*innen aufsuchen, um wieder gesund zu werden. Darüber hinaus erfüllt eine psychische Erkrankung einen festgelegten Kriterienkatalog des Diagnoseinstruments ICD-10 (Dilling, Mombour, Schmidt, Schulte-Markwort, 2016).

Es gilt: Eine psychische Belastung erfüllt nicht unbedingt die ICD-10-Kriterien, es ist aber denkbar, dass aus einer psychischen Belastung eine psychische Erkrankung entsteht. Man spricht in diesem Zusammenhang auch von einem Krankheitswert, wenn eine psychische Erkrankung vorliegt. Einen Überblick über die diagnostischen Kriterien aller psychischen Erkrankungen liefern die weltweit bekannten Diagnosesysteme ICD-10 (und demnächst die Weiterentwicklung ICD-11) sowie das DSM-5.

Für die Arbeit als Gesundheitscoach*in empfiehlt es sich, über Diagnosen und Krankheitsbilder psychischer Erkrankungen informiert zu sein.

3.4 Gewusst wie: Die Coachingmethoden im systemisch-integrativen Modell

Im ersten Kapitel hatte ich Ihnen das systemisch-integrative Gesundheitsmodell vorgestellt, auf dessen Grundlage wir systemische Interventionen und Methoden für den Gesundheitscoaching-Prozess einordnen und planen.

Sicherlich ist Ihnen schon deutlicher geworden, dass der Gesunderhaltungsprozess sich auf eine sehr komplexe und individuell zu gestaltende Art und Weise entwickelt. Als Gesundheitscoach*innen arbeiten wir mal schwerpunktmäßig auf der psychischen Ebene, dann wieder auf der körperlichen Ebene und manchmal auch zunächst nur mit dem Schwerpunkt der sozialen Beziehungen und des sozialen Kontextes. Das Konzept der Resilienz bietet wirksame Lösungsansätze, um die eigene psychische Widerstandskraft zu stärken (dann sind wir im Gesprächsprozess meist schon in der Phase der Lösungen). Das salutogenetische Kohärenzmodell bietet Grundlagen für einen gesundheitsförderlichen Wiedereingliederungsprozess am Arbeitsplatz oder für eine gesundheitsgerechte Betriebs- und Arbeitsplatzgestaltung.

Wie kann dieses Modell bei der Planung und Durchführung systemischer Interventionen nun helfen? Wie schon im ersten Kapitel beschrieben, unterscheidet sich ein Gesundheitscoaching von einem anderen Coachingprozess dadurch, dass insbesondere die Gesundheitsförderung einer Person im Vordergrund steht (und nicht die berufliche Karriere, die Auseinandersetzung mit der Rolle als Führungskraft oder die Lösung eines Konflikts). Natürlich können diese Ziele auch im Gesundheitscoaching eine Rolle spielen, aber nicht vorrangig. Stattdessen arbeitet der*die Coach*in mit dem Fokus Gesundheitsförderung und nutzt die Erkenntnisse aus der Resilienzforschung, der Salutogenese, der Stressforschung und der Arbeits- und Sicherheitsmedizin in Bezug auf den Umgang mit psychischen Belastungen am Arbeitsplatz. Dieses Fachwissen verbindet sich auf eine ideale Art und Weise mit den Ansätzen des systemisch-lösungsorientierten Coachings. Das systemisch-integrative Modell liefert ein Grundgerüst, mit dem gewährleistet ist, dass diese Verbindung zwischen dem Know-how der Gesundheitswissenschaften, der Arbeitsmedizin und der Expertise im systemischen Coaching gewährleistet ist. In einigen Fällen, in denen es ausschließlich um Coaching im Bereich Bewegung oder Ernährung geht, steht neben dem systemisch-lösungsorientierten Know-how das Fachwissen der Sportwissenschaft oder der Ökotrophologie sowie über medizinisch-biologische Faktoren im Vordergrund. Daher gibt es auch unter den Gesundheitscoach*innen unterschiedliche Spezialist*innen. So wird ein*e Personal Coach*in nach einem bestimmten Trainingsplan arbeiten. Wenn er*sie zusätzlich systemisch-lösungsorientiert arbeitet, wird ihm*ihr bewusst sein, dass die Umsetzung des Trainingsplans von vielen Kontextfaktoren abhängig ist, die es zu berücksichtigen gilt. Im Arbeitskontext ist die Expertise in folgenden Fachgebieten erforderlich:

- psychische Belastungen am Arbeitsplatz,
- Stressbewältigung,
- Resilienz,
- Salutogenese,
- Arbeitsorganisation,
- Kommunikation zwischen Mitarbeiter*innen und Führungskräften.

Im folgenden Abschnitt lernen Sie anhand eines konkreten Beispiels Planung, Ablauf und Methodik kennen.

3.5 Praxisbeispiele: Die Werkzeuge des systemischen Gesundheitscoachings im Einsatz

Sven Dobert arbeitet als Teamleiter in einer Unfallversicherung und leidet seit einigen Monaten an Problemen im Magen-Darm-Trakt. Er selbst sagt, er habe einen Reizdarm. Da nach intensiven Untersuchungen durch den Hausarzt und einen Internisten nichts gefunden wurde, macht Sven seinen anhaltenden Stress und die ungelösten Konflikte in seinem Team für seine körperlichen Beschwerden verantwortlich. Seit einiger Zeit fehlt er häufiger im Dienst. Seine Führungskraft spricht ihn darauf an und rät ihm, die EAP-Führungskräfteberatung in Anspruch zu nehmen. Nach anfänglicher Skepsis freundet er sich mit der Idee an und vereinbart einen Termin mit Linda Theissen. Sie arbeitet als Gesundheitscoachin in dem EAP-Unternehmen, das mit der Unfallversicherung einen Beratungsvertrag vereinbart hat.

Phase 1: Anliegen

Sven Dobert formuliert beim ersten Treffen sein Anliegen und schildert seine Probleme:

- Er leidet an Darmbeschwerden (Durchfälle, Empfindlichkeit).
- Er leidet unter einem ungelösten Konflikt in seinem Team und fühlt sich von seiner Vorgesetzten wenig unterstützt. Der Konflikt löst alte Ängste bei ihm aus: nicht zu genügen, sich nicht durchsetzen zu können und Angst davor, dass einige seiner Mitarbeiter*innen sich auf eine stark negative emotionale Art und Weise äußern könnten, mit der er nicht umgehen kann.
- Seine beruflichen Probleme kann er zu Hause nicht besprechen. Seine Frau wirft ihm vor, nicht durchsetzungsstark genug zu sein. Das löst Selbstwertprobleme aus. Darüber hinaus hat er den Eindruck, die Konflikte mit sich selbst ausmachen zu müssen, was ihm nicht gelingt.

Zusammenfassend ergibt sich folgendes Anliegen: Sven wünscht sich, dass seine Reizdarmbeschwerden verschwinden, dass seine Frau ihn mehr unterstützt und dass das Arbeitsklima im Team wieder harmonischer wird.

Linda erarbeitet nun den Coachingauftrag mit Sven. Bis jetzt konnte Sven seine Probleme beschreiben, und er formuliert auf Nachfrage von Linda sein Anliegen. Jetzt braucht Linda einen spezifisch formulierten Arbeitsauftrag, um die eher unspezifisch formulierten Wünsche so zu konkretisieren, dass Sven sich bewusst wird, was er selbst tun kann, um seine Gesundheitssituation zu verbessern.

Die Formulierung eines individuellen Ziels aktiviert seine Selbstwirksamkeit. Erst dann, wenn er für seinen persönlichen Lebensrahmen formulieren kann, was er proaktiv tun kann, finden auf der psychischen, sozialen und physischen Ebene Veränderungen statt, die idealerweise ein Austarieren des persönlichen Gesundheitszustands für Sven in Gang setzen.

Als nächster Schritt wird aus dem Anliegen von Sven ein Auftrag erarbeitet. Die Auftragsklärung beinhaltet einerseits die Klärung seiner Zielvorstellungen für die Beratung und andererseits die Klärung seiner Erwartungen darüber, wie Linda ihn bei der Erreichung seiner Ziele unterstützen kann. Beides muss im Sinne einer Kooperationsbeziehung zwischen Coachin und Coachee ausgehandelt werden. Als Ergebnis dieses Aushandlungsprozesses steht eine Übereinkunft zwischen den Wünschen und Vorstellungen von Sven einerseits und dem Angebot der Coachin andererseits.

Die Gesprächsphase der Auftragsklärung führt also zu einer Art Kontrakt. Folgende ziel- und lösungsorientierte Fragen helfen, dorthin zu kommen:

- Woran würden Sie merken, dass Sie Ihr Ziel erreicht haben?
- Woran würden Sie merken, dass Ihnen das Gespräch etwas bringt?
- Was wäre ein gutes Ergebnis unseres Gesprächs heute?
- Angenommen, wir würden hier eine gute Arbeit machen: Woran würden Sie das festmachen?

- Falls die Beratung für Sie erfolgreich verlaufen wäre: Was würden Sie dann in drei Wochen (Monaten, Jahren) anders machen als vor der Beratung?
- Nutzung von »wohldefinierten Zielen« (positiv, prozesshaft, spezifisch, im Kontrollbereich des*der Klient*in und seiner*ihrer Sprache).

Es ist empfehlenswert, konkreter nachzufragen, was genau der*die Coachee von dem*der Coach*in erwartet. Ich nenne diese Gesprächsphase »Rollenklärung«, in der sich Fragen wie die folgenden anbieten:

- Was könnte mein Beitrag dazu sein, dass Sie Ihre Ziele erreichen? Was Ihrer?
- Was kann ich als Berater*in dazu beitragen, damit Sie Ihr Ziel erreichen?
- Was brauchen Sie von mir?
- Was soll ich auf keinen Fall tun? Was könnte mein Beitrag dazu sein, dass die Beratung für Sie ein Flop wird?

Zu Beginn einer Coachingsitzung arbeite ich oft mit dem *Energiefass* (Zander, 2010). Dieses Modell eignet sich gut, um erste Problembeschreibungen und Anliegen auf einen Blick zusammenzutragen. Während mein*e Gesprächspartner*in erzählt, visualisiere ich das Energiefass (das ich natürlich vorab als Modell erkläre). Gemeinsam tragen wir alle Probleme und Aspekte rund um die psychische, die physische und die soziale Gesundheit in das Energiefass ein. Es wird außerdem zwischen Energiespendern und Energieräubern differenziert. So gelingt es relativ schnell, ein wich-

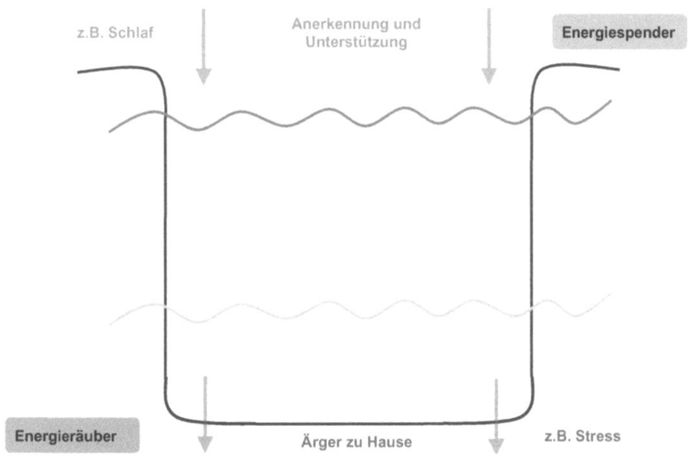

Abb. 10: Energiefass

tiges systemisches Grundprinzip bei der Gesunderhaltung einzuführen: die Unterscheidung zwischen Belastungsfaktoren und Bewältigungsressourcen. Abbildung 10 zeigt, wie ein Energiefass aufgemalt werden kann.

Sven könnte im Rahmen des Gesundheitscoachings mit Linda erarbeiten, was ihn momentan belastet. Vermutlich würde er einige der bereits genannten Probleme nennen: den Reizdarm, die Konflikte am Arbeitsplatz und so weiter. Auf der Seite der Energieräuber kann man erklären, dass in Belastungssituationen oft Löcher im Fass entstehen, die dazu führen, dass plötzlich mehr Energie als sonst abfließt. Oder dass sich in einer Belastungsphase plötzlich die Anzahl der Energieräuber erhöht.

Wichtig ist, dass der*die Gesundheitscoach*in zuhört, ohne zu bewerten, bzw. immer wieder genauer nachfragt. Manchmal hilft es auch, mit der Erarbeitung der Energiespender zu beginnen, also mit den Bewältigungsressourcen. Sehr oft hilft es den Kund*innen, den Blick in eine andere Perspektive zu richten, um aus der belastenden »Problemtrance« herauszufinden.

Sven beispielsweise würde vielleicht als Energiespender die Freude an seiner Teamleitertätigkeit nennen oder dass er gut abschalten kann, wenn er Freunde trifft.

Sehr oft hilft es zu erklären, dass eine intensive Belastungssituation (wenn plötzlich mehr Energieräuber als üblich vorhanden sind) selten dadurch beendet werden kann, dass man versucht, sämtliche Energieräuber zu stoppen oder zu eliminieren. Stattdessen funktioniert das Ausgleichsprinzip besser: Wenn unten mehr abfließt, muss ich oben mehr reingießen.

Viele Klient*innen – vor allem dann, wenn sie stark belastet sind – geben sich sehr viel (vergebliche) Mühe, Energieräuber zu stoppen. Dahinter steht unser konservatives kausales Lösungsdenken: Wir suchen nach Ursachen, die wir dann zu bekämpfen versuchen. Ich erkläre psychoedukativ, dass die meisten Gesundungsprozesse nicht kausal ablaufen, sondern dass unsere hochkomplexen physischen und psychischen Prozesse multifaktoriell ablaufen (Albert Einstein hat gesagt: »Probleme kann man niemals mit derselben Denkweise lösen, durch die sie entstanden sind«).[3] Um den Übergang in handlungsorientierte Zielsetzungen zu finden, *also die Ergebnisse des Energiefasses in die Praxis umzusetzen,* eignen sich folgende Fragen:

1. In Bezug auf die Energieräuber: Was können Sie beeinflussen und was können Sie nicht beeinflussen?
2. Was von dem, was Sie nicht beeinflussen können, kann bewusst durch Energiespender ausgeglichen werden?

Die erste Frage hilft den Kund*innen, zwischen lösbaren und unlösbaren Problemen zu unterscheiden. Durch Nachfragen des*der Coach*in erkennen einige Coachees, dass Probleme, die sie bisher als unlösbar bewertet haben, vielleicht doch lösbar sind, indem sie sich trauen, einen Konflikt anzusprechen, den sie bisher schweigend hingenommen haben. Die Entscheidung, was lösbar ist und was nicht, darf dem*der Coachee überlassen werden.

Die zweite Frage lenkt die Aufmerksamkeit auf die individuelle Ressourcenorientierung. Sie hilft dem*der Coachee, aus der oft schwierigen Problemtrance herauszukommen, die entsteht, wenn Energieräuber eliminiert werden sollen, obwohl das nicht möglich ist.

An dieser Stelle erkläre ich oft, dass es nicht immer hilfreich ist, alle Probleme lösen zu wollen, sondern dass es oft gesünder erscheint, mit bestimmten Problemen, die dauerhaft präsent, aber nicht beeinflussbar sind, einen guten, gelassenen Umgang zu finden.

---

3 http://www.poeteus.de/zitat/Probleme-kann-man-niemals-mit-derselben-Denkweise-l%C3%B6sen-durch-die-sie-entstanden-sind/10.

Sollte Sven beispielsweise feststellen, dass es ihn stört, wenn einige seiner Mitarbeiter*innen immer wieder über bestimmte betriebliche Zusammenhänge klagen, er aber schon alles versucht hat, sie zu überzeugen, doch eine positivere Haltung zu zeigen, dann empfiehlt es sich für die eigene Gesunderhaltung, den Menschen so, wie er nun einmal ist, zu akzeptieren. Das gelingt oft mit einer Fokusverschiebung. Sven könnte versuchen, so ein Gespräch kurz zu halten, so wenig wie möglich zu argumentieren, um danach bewusst ein Gespräch oder eine Tätigkeit zu suchen, die ihn motiviert. Um bei der Sprache des Modells »Energiefass« zu bleiben, sucht Sven sich bewusst einen Energiespender, um den Energieräuber auszugleichen.

Das Energiefass kann im Verlauf des Coachingprozesses die Funktion einer *Fortschrittskala* (siehe auch Kapitel 4.2) übernehmen.

Wenn Linda zu Beginn fragt, wie Sven seinen momentanen Energielevel einschätzt, und er zum Beispiel, wie in Abbildung 9 zu sehen, die untere Linie einzeichnet, kann Laura bei einer weiteren Sitzung fragen, wo Svens Energielevel jetzt liegt. Je nachdem, ob er höher oder niedriger liegt, kann sie genauer nachfragen.

Als Skalierungsfragen *für die Arbeit mit dem Energiefass* eignen sich die folgenden:

- Was haben Sie getan, damit Ihr Energielevel gestiegen ist?

- Was ist passiert oder haben Sie getan, damit der Energielevel gesunken ist?
- Was ist generell hilfreich, um einen gesunkenen Energielevel wieder zu erhöhen? Welche Energiespender funktionieren in Ihrem Energiefass am schnellsten und am besten?

Die Arbeit mit dem Energiefass erleichtert den ersten Zugang zu den wichtigen Gesundheits- und Belastungsthemen.

In einigen Fällen habe ich das bereits erarbeitete Energiefass nach drei oder fünf Sitzungen wieder aufgegriffen und alle Aspekte nochmals erörtert. Ich bin immer wieder fasziniert, wie es mit dieser einfachen Methode gelingt, grundlegende persönliche Aspekte der Gesunderhaltung im Blick zu behalten.

Abschließend kann nach der Arbeit mit dem Energiefass (nochmals) nach den Beratungszielen gefragt werden. Insofern dient dieses Modell als eine Art Diagnostiktool bzw. vereinfacht besonders bei Kund*innen, die sehr erschöpft sind und denen es schwerfällt, einen klaren Gedanken zu fassen, die Phase der Auftragsklärung.

Abschließend stelle ich Ihnen ein weiteres Diagnostikinstrument vor, mit dem die Auftragsklärung im Gesundheitscoaching gut gelingt: den Gesundheits-Check (siehe Abbildungen 11 und 12). Mit diesem einfachen Screening können ebenfalls Belastungsfaktoren und Bewältigungsressourcen erarbeitet werden.

Das Auswertungsradar visualisiert sowohl die Belastungsfaktoren (roter, innerer Kreis) als auch die Bewältigungsressourcen (grüner, äußerer Kreis). So wird nach dem Ampelprinzip sofort erkennbar, wo Energiespender und Energieräuber zu finden sind. Die durch die Fragen vorgegebenen Themen können selbstverständlich ergänzt werden.

Das Energiefass und der Gesundheits-Check können bei Bedarf auch kombiniert werden. Beide Instrumente ermöglichen eine ausführliche Einstiegs- bzw. Diagnostikphase. Wenn beide Instrumente kombiniert werden, muss ein erhöhter Zeitaufwand eingerechnet werden.

Phase 2: Auftrag

Angenommen, Sven hat folgendes Coachingziel formuliert:

»Ich möchte reflektieren, inwiefern ich selbst dazu beitrage, dass ich meine Energiespender nicht nutze, wenn ich gestresst und belastet bin. Außerdem möchte ich im Coaching Techniken kennenlernen und einüben, mit denen ich meine Konflikte am Arbeitsplatz offensiver ansprechen und lösen kann.«

Der erste Teil des formulierten Coachingauftrags deutet darauf hin, dass Sven eigene, möglicherweise unbewusste Muster im Denken und Fühlen reflektieren möchte, die dazu führen, dass sich sein Stresslevel in Belastungssituationen noch erhöht. In der Vertiefungsphase kann dieses Ziel beispielsweise mit dem Stress-Balance-Modell, basierend auf dem Modell der Inneren Antreiber, bearbeitet werden.

Gesundheits-Check

Unsere Gesundheit wird von vielen Einflüssen aus dem privaten und beruflichen Bereich beeinflusst. Die Gesundheitswissenschaft geht davon aus, dass körperliche, seelische und soziale Aspekte zu einer umfassenden Gesundheit führen. Wenn Belastungen und Kraftquellen (Ressourcen) nicht mehr in einem ausgewogenen Verhältnis zueinander stehen, fühlen wir uns belastet und gestresst und geraten schnell in eine Erschöpfungsspirale. Gerade dann ist es wichtig zu wissen, welche persönlichen Kraftquellen Ihnen helfen, den Weg aus der Stressspirale wieder herauszugehen.

Die Fragen zu Ihrem beruflichen Hintergrund können sich auf die Erwerbsarbeit, ein Studium, die Hausarbeit oder auch die ehrenamtliche Arbeit oder die Arbeitssuche beziehen..

Anforderungen

Wie häufig treffen die folgenden Aussagen auf Ihre derzeitige Haupttätigkeit zu?

Meine Termine sind so eng getaktet, dass sie kaum zu schaffen sind.

Ich arbeite ständig unter hohem Zeitdruck.

Ich muss viele Aufgaben gleichzeitig bearbeiten.

nie – 5 Punkte, **selten** – 4 Punkte, **gelegentlich** – 3 Punkte, **oft** – 2 Punkte, **sehr oft** – 1 Punkt **Summe**

Handlungsspielraum

Wie häufig treffen die folgenden Aussagen auf Ihre derzeitige Haupttätigkeit zu?

Ich kann mitbestimmen, welche Aufgaben ich erledige.

Ich kann entscheiden, auf welche Art und Weise ich meine Aufgaben erledige.

Ich kann bei meiner Tätigkeit viele Entscheidungen treffen.

sehr oft – 5 Punkte, **oft** – 4 Punkte, **gelegentlich** – 3 Punkte, **selten** – 2 Punkte, **nie** – 1 Punkt **Summe**

Betriebs-/Teamklima

Denken Sie an Ihre momentane Arbeitsatmosphäre. Inwieweit stimmen Sie den folgenden Aussagen zu?

Die Stimmung in meinem Arbeitsbereich ist gut.

Ich fühle mich von den Personen in meinem Arbeitsumfeld verstanden und akzeptiert.

Wenn ich Probleme habe, werde ich von den Personen in meinem Arbeitsumfeld unterstützt.

stimme voll zu – 5 Punkte, **stimme im Großen und Ganzen zu** – 4 Punkte **bin unentschieden** – 3 Punkte, **stimme eher nicht zu** – 2 Punkte, **stimme überhaupt nicht zu** – 1 Punkt **Summe**

Balance Berufs- und Privatleben

Bezogen auf das letzte Jahr: wie sehr stimmen Sie den folgenden Aussagen zu?

Ich habe im Job so viel zu tun, dass ich meine privaten Interessen nicht mehr wahrnehmen kann.

Personen aus meiner Familie und meinem Freundeskreis sagen, dass ich zu viel arbeite.

Meine Arbeit macht es mir schwer, Partnerin/Partner, Vater/Mutter, Freund/Freundin zu sein, der ich gerne wäre.

stimme überhaupt nicht zu – 5 Punkte, **stimme eher nicht zu** – 4 Punkte **bin unentschieden** – 3 Punkte, **stimme im Großen und Ganzen zu** – 2 Punkte, **stimme voll zu** – 1 Punkt **Summe**

Stresslevel

Wie oft hatten Sie in den vergangenen Wochen die folgenden Gefühle:

Momentan stehe ich ständig unter Strom.

Nach Feierabend und am WE kann ich nicht mehr von der Arbeit abschalten.

Oft denke ich, ich schaffe meine Arbeit nicht und verliere die Kontrolle.

stimme überhaupt nicht zu – 5 Punkte, **stimme eher nicht zu** – 4 Punkte, **Summe** **bin unentschieden** – 3 Punkte, **stimme im Großen und Ganzen zu** – 2 Punkte, **stimme voll zu** – 1 Punkt

Burnout und Erschöpfung

Bitte erinnern Sie sich, wie es Ihnen in den letzten vier Wochen ging:

Momentan fühle ich mich total ausgelaugt.

Ich stehe seit Wochen und Monaten im Dauerstress.

Oft fühle ich mich niedergeschlagen und traurig.

stimme überhaupt nicht zu – 5 Punkte, **stimme eher nicht zu** – 4 Punkte, **Summe** **bin unentschieden** – 3 Punkte, **stimme im Großen und Ganzen zu** – 2 Punkte, **stimme voll zu** – 1 Punkt

Gesundheit

Bewerten Sie Ihre körperliche und seelische Gesundheit:

Mein gesundheitlicher Zustand ist momentan sehr gut.

Im Vergleich zu gleichaltrigen Kollegen und Freunden bin ich bei bester Gesundheit.

Ich fühle mich in meinem Leben seelisch wohl und ausgeglichen.

stimme voll zu – 5 Punkte, **stimme im Großen und Ganzen zu** – 4 Punkte, **bin unentschieden** – 3 Punkte, **stimme eher nicht zu** – 2 Punkte, **Summe** **stimme überhaupt nicht zu** – 1 Punkt

Anerkennung

Inwieweit stimmen Sie den folgenden Aussagen zu?

Angesichts meiner erbrachten Leistungen bekomme ich ein angemessenes Gehalt.

Angesichts meiner erbrachten Leistungen erfahre ich genügend Wertschätzung und Anerkennung aus meinem Umfeld.

In meinem privaten Umfeld fühle ich mich anerkannt, geliebt und geschätzt.

stimme voll zu – 5 Punkte, **stimme im Großen und Ganzen zu** – 4 Punkte **bin unentschieden** – 3 Punkte, **stimme eher nicht zu** – 2 Punkte, **Summe** **stimme überhaupt nicht zu** – 1 Punkt

Lebenssinn und Zeit für mich

Inwieweit stimmen Sie den folgenden Aussagen zu?

Im Allgemeinen finde ich, dass es schön ist zu leben.

Die Dinge, die ich im Alltag tue, sind sinnvoll.

Neben meinen sozialen und beruflichen Kontakten habe ich genügend Zeit für mich selbst.

stimme voll zu – 5 Punkte, **stimme im Großen und Ganzen zu** – 4 Punkte **bin unentschieden** – 3 Punkte, **stimme eher nicht zu** – 2 Punkte, **Summe** **stimme überhaupt nicht zu** – 1 Punkt

Soziale Unterstützung

Wenn Sie an Ihren Partner, Ihre Freunde, Verwandten und Ihr sonstiges Umfeld denken, inwieweit stimmen Sie dann den folgenden Aussagen zu?

In Problem- und Notsituationen weiß ich, zu wem ich gehen kann.

Ich habe Menschen, die Freud und Leid mit mir teilen.

Ich habe mindestens einen sehr vertrauten Menschen, mit dessen Hilfe ich rechnen kann.

stimme voll zu – 5 Punkte, **stimme im Großen und Ganzen zu** – 4 Punkte **bin unentschieden** – 3 Punkte, **stimme eher nicht zu** – 2 Punkte, **Summe** **stimme überhaupt nicht zu** – 1 Punkt

Abb. 11: Gesundheits-Check

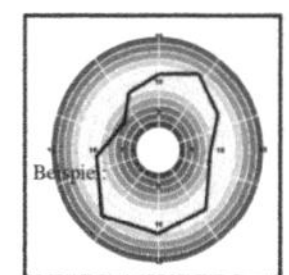

Auswertung

Zählen Sie für jede der 10 Antwortgruppen die Punkte zusammen. Pro Antwortgruppe ergibt sich ein Wert zwischen 3 und 15 Punkten. Tragen Sie den jeweiligen Punktwert in die Radargrafik ein und verbinden Sie die Punkte zu einer Form (s. Beispiel rechts).

Gesundheit

Eine gute Gesundheit ist eine Kraftquelle - sie hilft, auch Zeiten hoher Anforderungen unbeschadet zu überstehen. Umgekehrt kann aber chronische Belastung die Gesundheit beeinträchtigen. Ein hoher Wert in dieser Kategorie sagt, dass Sie Ihre Gesundheit insgesamt als sehr gut einschätzen.

Soziale Unterstützung

Menschen sind soziale Wesen. Das Sprichwort „Geteiltes Leid ist halbes Leid" bringt die Wirkung sozialer Unterstützung auf einen einfachen Nenner. Ein hoher Wert in dieser Kategorie zeigt, dass Sie sich auf Ihr Umfeld verlassen können - vor allem dann, wenn es wirklich ernst wird. Das macht Sie belastbarer und schützt so auch Ihre Gesundheit.

Burnout und Erschöpfung

Auf Dauer führt Stress bei fast allen Menschen zur Erschöpfung - und in Folge zu Schlafstörungen, Reizbarkeit und Traurigkeit. Ein niedriger Wert in dieser Kategorie kann ein Hinweis auf chronischen Stress sein - insbesondere in Kombination mit niedrigen Werten in der Kategorie „Stresslevel".

Lebenssinn und Zeit für mich

Unabhängig von allen Belastungen oder der Gesundheit macht es einen Unterschied, ob Sie Ihr Leben als sinnvoll und schön, Ihre Probleme als lösbar erleben - oder nicht. Menschen die sich darüber hinaus Zeit für sich selbst nehmen, sind zufriedener als andere.

Stresslevel

Wie viel Belastung jemand verträgt, das unterscheidet sich nicht nur von Mensch zu Mensch - es kann sich auch im Laufe des Lebens ändern. Hohe Werte in dieser Kategorie zeigen an, dass Sie im Augenblick das Steuerruder Ihres Lebensschiffs gut durch mögliche Unwetter steuern.

15 10 5 5 10 15

Anerkennung

Lob aktiviert die für Belohnung und Freude zuständigen Nervenzellen und sorgt so für Motivation. Zu wenig Anerkennung hingegen schadet nicht nur der Psyche, sondern auch dem Körper. Auf Dauer ist ein ausgesprochener Mangel an Wertschätzung ähnlich ungünstig für das Herz-Kreislauf-System wie der Konsum von fünf bis zehn Zigaretten täglich.

Balance Berufs- und Privatleben

Die Haupttätigkeit und die übrigen persönlichen Interessen - etwa Familie und Freunde - unter einen Hut zu bringen ist für viele Menschen schwierig. Dabei hat die sogenannte Work-Life -Balance direkte Auswirkungen auf unsere Lebenszufriedenheit. Ein hoher Wert in dieser Kategorie bedeutet, dass Sie beide Bereiche miteinander vereinbaren können, ein niedriger weist darauf hin, dass Ihre persönlichen Interessen zu kurz kommen.

Betriebs-/Teamklima

Die gleiche Arbeit kann Ihnen bei gleichem Handlungsspielraum sehr viel leichter von der Hand gehen, wenn Ihnen dabei Kollegen und Vorgesetzte, Kommilitonen und Professoren oder (etwa bei Hausfrauen, pflegenden Angehörigen oder Arbeitslosen) Familienangehörige zur Seite stehen. Umgekehrt erhöht ein schwieriges Umfeld die Belastung erheblich.

Handlungsspielraum

Ein niedriger Wert auf dieser Skala sagt, dass Sie wenig Kontrolle darüber haben, was Sie wann erledigen und wie Sie es tun. Ungünstig ist ein solcher niedriger Wert vor allem in Kombination mit einem hohen Wert bei „Anforderungen".

Anforderungen

Ihre Antworten in dieser Kategorie erfassen Ihren Zeitdruck, die Häufung von Arbeitsaufgaben und die Vielfalt gleichzeitig zuerledigender Aufgaben.

Sie sehen nun bei jeder der 10 Kategorien, ob Ihr Ergebniswert in die grüne, in die gelb-beigefarbene oder in die rot-braune Zone fällt. Bei Themenkomplexen, deren Wert im rot-braunen Feld liegt, sind Sie möglicherweise zu stark belastet und sollten versuchen, etwas zu verändern. Kategorien, deren Wert im grünen Bereich liegt, bilden Ressourcen, die Ihnen helfen können, starke Anforderungen an anderer Stelle auszugleichen. Oft zeigt schon die Form, die sich aus den verbundenen Linien ergibt, wo die Probleme liegen - wenn etwa bei allen Fragenkomplexen zum Ausgleich Arbeit eine „Beule" zur Mitte hin entstanden ist. Insgesamt gilt: Je mehr Werte in den rot-braunen Bereich fallen, desto wahrscheinlicher liegt bei Ihnen derzeit eine insgesamt belastende Situation vor.

Abb. 12: Auswertung Gesundheits-Check

Phase 3: Vertiefung

Es gibt viele Möglichkeiten, innere Muster oder innere Anteile zu reflektieren, wenn Menschen ihren sogenannten hausgemachten Stress reduzieren möchten. Friedemann Schulz von Thun (2005) und andere Autor*innen haben beispielsweise das Modell des Inneren Teams bzw. die Arbeit mit inneren Anteilen entwickelt, mit denen im Coaching innere Anteile und individuelle Lösungen in Form von mentalen Umstrukturierungen umgesetzt werden können.

In Anlehnung an Schulz von Thuns Inneres Team (► Inneres Team) und das Modell der Inneren Antreiber (Berne, 1983; Berkhan, 2003; ► Innerer Antreiber) habe ich speziell für die Arbeit im Gesundheitscoaching eine Vorgehensweise entwickelt, mit der es gelingt, wenig bewusste oder unbewusste innere Anteile zu erarbeiten und zu verändern, um in Stress- und Belastungssituationen energiesparende Selbststeuerungsmechanismen gezielt einzusetzen. Die Selbstreflexionsarbeit, die ich nun im Folgenden vorstelle, zählt zu einer von vielen Möglichkeiten, die Vertiefungsphase eines Gesundheitscoaching-Prozesses zu gestalten. Durch das *Stress-Balance-Modell* kommen viele Klient*innen dem Ziel, hausgemachten Stress abzubauen, um einiges näher.

Klient*innen wie Sven, die sich dafür entscheiden, mit dem Mittel der Introspektion zu arbeiten, brauchen anfangs eine Erklärung, um sich vorstellen zu können, dass in ihrem Innern »etwas passiert«, das ihnen nicht bewusst ist und trotzdem ihr Denken und Handeln beeinflusst. In Anlehnung an das Modell des Inneren Teams und des Modells der Inneren Antreiber erarbeite ich mithilfe des Stress-Balance-Modells innere Glaubenssätze der Klient*innen, die entweder Stress fördernd oder Stress reduzierend sind. Mit dem Modell wird ausschließlich introspektiv gearbeitet, von außen einwirkende Belastungsfaktoren, wie sie beim Energiefass erarbeitet werden, stehen beim Stress-Balance-Modell nicht im Vordergrund.

Teile der folgenden Erläuterung können im Coaching verwendet werden. Sie helfen dem*der Klient*in, sich auf die Selbstreflexionsübung einzulassen:

- Jeder Mensch gestaltet den Umgang mit Leistung und Entspannung im Sinne einer Work-Life-Balance gemäß seinen*ihren erlernten Glaubenssätzen und Verhaltensmustern.
- Das Modell innerer Repräsentanten dieses Gleichgewichts oder Ungleichgewichts wird durch vier Teilaspekte des Ichs dargestellt:
  - Innerer Antreiber,
  - Innerer Kritiker,
  - Inneres Kind,
  - Innerer Verteidiger.

In Stress- und Belastungssituationen hört, spürt und fühlt man oft typische Botschaften dieser inneren Repräsentanten, die sich auch emotional be- oder entlastend auswirken. So baut eine »antreibende« Botschaft des Inneren Kritikers, die eventuell in einer Anforderungssituation höchste Perfektion verlangt, den Stress weiter auf, wobei die selbst-

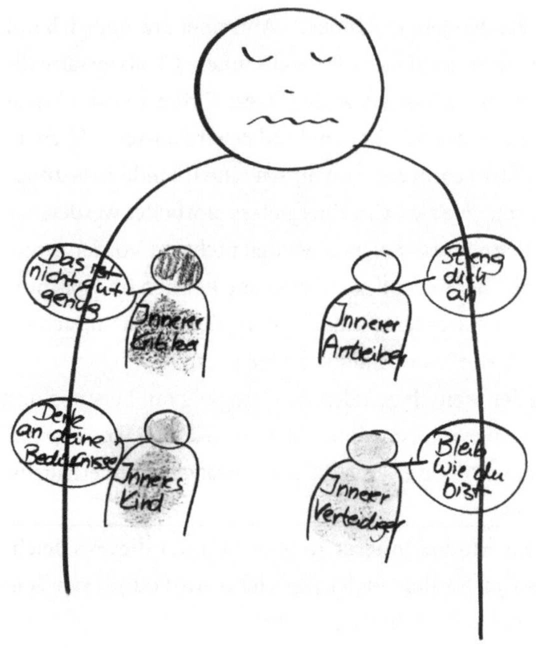

Abb. 13: Modell »Innerer Antreiber«

fürsorgliche Botschaft des Inneren Kindes, stattdessen jetzt lieber etwas Entspannendes oder Lustiges/Kreatives zu unternehmen, Stress abbauend sein kann. Abbildung 13 zeigt, wie in einem Beratungsbeispiel die inneren Botschaften der vorgegebenen Repräsentanten (»Innerer Kritiker«, »Innerer Antreiber«, »Inneres Kind« und »Innerer Verteidiger«) formuliert sein können. Gegebenenfalls kann man vorbereitend auch mit dem »Antreiber-Test«[4] arbeiten, um die individuellen Botschaften des »Inneren Antreibers« oder des »Inneren Kritikers« zuvor herauszuarbeiten. Der Test beinhaltet jedoch nicht die Anteile »Inneres Kind« und »Innerer Verteidiger«:

Der Innere Antreiber: Der Innere Antreiber reguliert unsere eigenen Leistungsmaßstäbe. Er spornt uns zu (Höchst-) Leistungen an, sorgt dafür, dass wir uns bemühen und anstrengen, und vermittelt häufig Vorstellungen über Leistung, die noch von unseren Eltern oder aus der Schule stammen und die wir mittlerweile verinnerlicht haben. Nimmt der Innere Antreiber sehr viel Raum ein, kann er zum Perfektionismus anstacheln – einer der Hauptursachen für Burn-out.

Sven erarbeitet im Coachinggespräch mit Linda den noch zu überprüfenden Glaubens- und Leitsatz »Streng dich an«.

Der Innere Kritiker: Der Innere Kritiker vergleicht uns mit anderen und hinterfragt kritisch, ob das, was wir leisten und tun, wirklich ausreichend und gut ist. Bei Menschen, die unter Stress und Arbeitsdruck leiden, spielt der Innere Kritiker eine übertrieben große Rolle. Häufig verzerrt er die Realität und lässt die Leistungen der anderen größer und die eigenen Leistungen kleiner und unbedeutend erscheinen.

---

4 https://www.transaktionsanalyse-online.de/wp-content/uploads/2017/09/Die-inneren-Antreiber.pdf.

Sven erarbeitet mit Linda im Coachinggespräch den noch zu überprüfenden Glaubens- und Leitsatz »Das ist nicht gut genug«.

Das Innere Kind: Das Innere Kind repräsentiert unsere Bedürfnisse. Das kann Spaß, Neugier, Faulenzen, Familie, Ausgleich, Kultur oder anderes sein. Meistens bezieht sich das Innere Kind auf den privaten Bereich, doch das Bedürfnis nach Spaß an der Arbeit und nach einem guten Betriebsklima findet sich auch im Jobkontext wieder. Bei gestressten und erschöpften Menschen kommt das Innere Kind oft schon seit sehr langer Zeit nicht mehr zu Wort und erhebt im Rahmen der Beratung erstmals wieder die Stimme.

Sven erarbeitet mit Laura im Coachinggespräch den noch zu überprüfenden Glaubens- und Leitsatz »Denk an deine Bedürfnisse«.

Der Innere Verteidiger: Der Innere Verteidiger ist mit dem zufrieden, was da ist. Er repräsentiert eine ausgewogene Selbstakzeptanz und plädiert dafür, sich selbst mit allen Stärken und Schwächen zu akzeptieren. Als Gegenpol zum Inneren Antreiber und zum Inneren Kritiker vertritt er das Bewahrende in uns, und zwar auf eine selbstfürsorgliche Art und Weise. Der Innere Verteidiger möchte möglichst wenig verändern und verhindert somit, dass übertrieben ehrgeizige Impulse einen zu großen Raum einnehmen. Ein starker Innerer Verteidiger sorgt allerdings auch für Stillstand und verhindert eine Weiterentwicklung.

Sven erarbeitet mit Laura im Coachinggespräch den noch zu überprüfenden Glaubens- und Leitsatz »Bleib wie du bist«.

Der Gesprächsprozess in der Arbeit mit dem Stress-Balance-Modell sieht folgendermaßen aus:

Schritt 1 – Verstehen: Zunächst werden Stress auslösende oder regulierende Sätze der vier Instanzen formuliert und am Flipchart aufgeschrieben (siehe oben Flipchartabbildung 13 und Fallbeispiel Sven wie oben beschrieben).

Schritt 2 – Vertiefen: Dann werden die persönlichen Einstellungen und Werte abgeleitet. Zu diesem Zweck berichtet der*die Klient*in von individuellen Erfahrungen, Erlebnissen und deren grundlegender Bedeutung im eigenen Lebenskontext. Hilfreich ist es, nach Beispielen zu fragen und dem*der Klient*in viel Zeit zu geben, zu explorieren. Um die Erkenntnisse zu vertiefen, wird dann nach zugrunde liegenden Werten und Einstellungen gefragt, die bei der Entstehung der Sätze – auch im biografischen Kontext – eine Rolle spiel(t)en. Die Vertiefungsphase hilft den Klient*innen, sich selbst mit der Entwicklung und bevorstehenden Veränderung dieser Glaubens- und Leitsätze auseinanderzusetzen. Insofern bereitet diese Gesprächsphase bereits auf die Veränderung der inneren Botschaften vor.

Sven erkennt im Coachinggespräch, dass er in seiner Ursprungsfamilie gelernt hat, wie wichtig Leistung ist. Seine Eltern sind in jungen Jahren berufsbedingt oft umgezogen und mussten sich mehrfach in einer fremden Stadt neu einfinden. Das hat vor allem durch ein stark ausgeprägtes Anpassungsverhalten und mithilfe einer hohen Leistungsbereitschaft gut funktioniert. Auch Sven hat in seiner Kindheit dieses Verhalten angenommen. Zu widersprechen, Nein zu sagen oder ganz anderer Meinung zu sein als die soziale Umgebung, hat er nicht gelernt, im Gegenteil, bei ihm zu Hause wurde zu starker Widerstand oder eine zu starke Konfliktbereitschaft sanktioniert.

Schritt 3 – Vergangenheit integrieren: In dieser Gesprächsphase steht die Integration und somit auch Aussöhnung negativ empfundener Glaubens- und Leitsätze im Vordergrund. Die Biografie und Historie Stress auslösender Botschaften und Einstellungen wird nach dem Reflektieren in der Vertiefungsphase reframt, also in einen neuen Rahmen gesetzt. Nur so können sie integriert werden, indem ihr Beitrag für das eigene Leben gewürdigt werden kann. Wenn ein starker Perfektionsimpuls die innere Balance dominiert, dann hat dieser Perfektionismus auch früher seinen Beitrag im Leben einer Person geleistet. Diesen Beitrag gilt es herauszuarbeiten. Umso wichtiger ist es, zu keinem Zeitpunkt in der Beratung diese Sätze pauschal abzuwerten. Stattdessen erkennt der*die Klient*in den (ehemaligen) sinnvollen Kern dieser Sätze und entscheidet bewusst, welche Rolle dieser Perfektionismus im aktuellen Leben spielen soll, wenn es nun gilt, eine gesundheitsförderliche Balance herzustellen. Anders ausgedrückt geht es darum, dem Perfektionismus wie auf einer Theaterbühne eine neue Rolle zuzuweisen. Er soll aber nicht von der Bühne verbannt werden, sondern seine Stärken werden herausgearbeitet, um sie in einem »neuen Theaterstück« anders als vorher einzusetzen.

Sven erkennt im Coachinggespräch, dass sein Anpassungs- und Konfliktvermeidungsverhalten in der Kombination mit einem hohen Perfektions- und Leistungsanspruch in früheren Zeiten durchaus sinnvoll war und dass es ihm dadurch gelungen ist, sich in seiner beruflichen Umgebung zu behaupten und Anerkennung zu bekommen. Nun aber befindet sich Sven in einer Situation, in der er mit diesem Verhaltensmuster nicht mehr weiterkommt. Er gerät zu stark in innere Konflikte und reagiert gestresst, wenn er gleichzeitig zu allem Ja sagt und alles perfekt machen möchte. Trotzdem kann er sein »altes« Verhaltensmuster würdigen.

Schritt 4 – Veränderung gestalten Teil I, Zukunftsprogression: Ist das Reframing gelungen, wenden wir uns der Neuordnung der inneren Anteile zu. In dieser Gesprächsphase antizipieren Coach*in und Coachee eine Zukunft, die in Bezug auf den Umgang mit Anforderungen gesundheitsgerechter ausbalanciert werden kann (Zukunftsprogression). Ich stelle dann oft folgende Frage: »Stellen Sie sich vor, wir treffen uns in einem Jahr wieder *(ich formuliere an dieser Stelle bewusst nicht im Konjunktiv, um den Realitätscharakter dieser Vorstellung stärker hervorzuheben),* und Sie erzählen mir, dass es Ihnen besser als jetzt gelingt, mithilfe Ihrer inneren Anteile eine stimmige gesunde Balance herzustellen. Wie unterstützen Sie dann Ihr Innerer Antreiber, Ihr Innerer Kritiker, Ihr Inneres Kind und Ihr Innerer Verteidiger besser als jetzt?«

Um den wichtigen inneren Umstrukturierungsprozess flexibler als am zweidimensionalen Flipchart zu visualisieren, arbeite ich jetzt mit dem Systembrett. Zu Beginn der nun folgenden Aufstellung führe ich zusätzlich die Ich-Figur ein. Sie wird zentral aufgestellt, um deutlicher als vorher am Flipchart herauszuarbeiten, wie die inneren Anteile aufgestellt werden müssen, um den Unterstützungseffekt zu erarbeiten. Die Aufstellung auf dem Systembrett erfolgt gemäß einem inneren intuitiven Bild, das nur der*die Klient*in kennt. Hier wird systemisch gesehen auf einen autopoietischen Prozess vertraut. Basierend auf der Annahme, dass der*die Coachee durch die vorangehenden Gesprächsphasen stärker als zuvor für seine*ihre eigene resiliente Ressourcenorientierung eingestimmt ist, darf man den Selbstheilungskräften nun freien Lauf lassen. Wenn die Ich-Figur aufgestellt ist, werden in Anlehnung an die Visualisierung am Flipchart die vier Instanzen auf dem Systembrett aufgestellt. Der*die Klient*in nimmt sich die Zeit, die er*sie braucht, um die Positionierung der Figuren gemäß ihrem inneren »Gesundheitsbild« zu vollziehen.

Schritt 5 – Veränderung Teil II, Innere Antreiber in Innere Erlauber verwandeln: Nun werden die teilweise negativen Botschaften so umformuliert, dass der*die Klient*in optimal in seiner*ihrer Balance unterstützt wird. Es ist jetzt hilfreich, das formulierte Zielbild der Zukunft mehrfach zu wiederholen (»Und wenn wir uns dann in einem Jahr treffen, und Sie erzählen mir, dass Sie sich gesund und wohl fühlen, wie wird Ihr Innerer Antreiber Sie dann unterstützen?«). Natürlich dauert es manchmal einen Moment, bis eine Person die neuen, unterstützenden Sätze findet und aussprechen kann. Es ist erlaubt, Vorschläge zu machen. Wenn der*die Coach*in sich während der Sitzungen Notizen zu bestimmten Schlüsselwörtern gemacht hat, die Hinweise auf Ressourcen und Lösungen geben, können diese Vorschläge sehr hilfreich sein. Oft können die Sätze des Inneren Kindes übernommen werden, aber es lohnt sich, alle Botschaften, die in der ersten Gesprächsphase am Flipchart notiert wurden, noch mal zu überprüfen. Manchmal schreibe ich die alten Botschaften zunächst auf kleine Klebezettel, die an den Figuren befestigt werden (siehe Abbildung 14). Während des Umformulierungsprozesses werden die Zettel ausgetauscht und die neuen Positivsätze an die Figuren geklebt. Der*die Klient*in integriert die Erkenntnisse des Reframings und des Erkundens eigener Ressourcen und Bedürfnisse (zum Beispiel nach Erholung). Es gilt, aus Vorschriften Erlaubnisse zu machen, sodass manchmal die Einführung des Begriffes »Innerer Erlauber« anstatt »Innerer Antreiber« nützlich sein kann. Gute Fragen können zum Beispiel sein: »Was brauchen Sie denn, damit Sie volle Leistung bringen möchten?« oder »Wie geht denn der Innere Kritiker mit Fehlern um, und wie möchten Sie das in Zukunft gestalten, um weniger Druck und Stress zu erleben?«

Abb. 14: Visualisierung der Antreiber und Erlauber mit dem Systembrett

Sven erarbeitet für sich ein Konfliktverhalten, bei dem er einerseits Konfliktpunkte offen benennt und andererseits viel Verständnis für die Sichtweisen seines Gegenübers zeigt. Ihm ist es wichtig, nicht als »Krawalltyp« dazustehen, sondern Konfliktgespräche sehr ruhig und souverän zu führen. Um dieses »neue« Verhalten überzeugend zu zeigen, braucht er aber eine intensive Vorbereitungsphase, in der er sich zunächst für sich allein mit seinen Bedürfnissen und Befürchtungen auseinandersetzt und eine für sich stimmige Strategie findet. »Sich Zeit nehmen« entpuppt sich als wichtiger Faktor und korrespondiert mit der Botschaft seines Inneren Verteidigers »Bleib, wie du bist«.

Schritt 6 – Verankern: Ergänzend dazu können der oder die neuen positiven Sätze symbolisch verankert werden.

Ist es in dieser Phase der Beratung möglich, mit positiven Ankern und Symbolen zu arbeiten, dann können diese in den Berufsalltag integriert werden (zum Beispiel Foto am PC, Edelstein in der Tasche etc.). Das Endergebnis der neuen Brettaufstellung mit den Positivsätzen wird fotografiert, dem*der Klient*in zugemailt oder ausgedruckt, damit diese Aufstellung als inneres Bild präsent bleibt.

Sven hat für den Satz »Nimm dir Zeit« einen persönlichen Anker gefunden. Er konzentriert sich darauf, in besonders schwierigen Konfliktmomenten bewusst ein- und auszuatmen, um sich an seinen Satz zu erinnern.

Schritt 7 – Transfer: In den nachfolgenden Sitzungen können die Erfahrungen im Umgang mit den neuen Botschaften oder die Situationen besprochen werden, in denen ehemalige Stress erzeugende Muster durch neue Stress reduzierende Verhaltensmuster ersetzt werden sollen. Oft hilft als erste Transfermaßnahme eine Beobachtungsaufgabe, um zunächst bewusst zu registrieren, wie der*die Klient*in sich in relevanten Situationen verhält.

Folgende Fragen können beim Beobachten hilfreich sein:

- Was verändert das neue Verhalten?
- Was ist nun möglich, was vorher nicht möglich war?
- Wie reagiert mein Umfeld?

Ist es gelungen, einen inneren Anknüpfungspunkt für die gewünschte Verhaltensänderung zu finden, beginnt die Lösungsphase eines Coachingprozesses.

Sechs Wochen nach seiner letzten Coachingsitzung erarbeitet Sven mit seinem Coach seine Erfolge. Es ist ihm schon wesentlich besser als zuvor gelungen, sich auf seinen neuen Positivsatz zu konzentrieren. Er registriert, dass er selbst weniger gestresst ist und sein Umfeld in Konfliktsituationen respektvoller mit ihm umgeht.

Mit dem *Stress-Balance-Modell* konnte gezeigt werden, wie innere Ambivalenzen aufgegriffen werden können, die zu innerpsychischen Belastungen führen. Oft beschreiben Klient*innen innere Konflikte als sehr belastend. Im Rahmen der Auftragsklärung wird dann der Wunsch formuliert, zu einer Entscheidung zu kommen, um die innere Belastung aufzulösen. Das gelingt aber oft nicht, weil der innere Konflikt, das Dilemma, als unauflösbar empfunden wird. Im Folgenden möchte ich daher noch auf die Arbeit im Umgang mit *Dilemmata* bzw. *inneren Zwickmühlen* eingehen.

Lena arbeitet in der Zweigstelle einer Personalberatung. Dort ist sie für die Auswahl von Nachwuchsführungskräften zuständig. Ihre Freundin Gesa ist ebenfalls hier tätig, allerdings als Assistentin der Geschäftsführung. Gesa ist gerade zu ihrem Freund gezogen, der 500 km weit weg wohnt, möchte aber weiterhin für das Unternehmen tätig sein. Sie ahnt noch nicht, dass die Geschäftsführung keinen Homeoffice-Tag genehmigen und ihr infolgedessen kündigen wird. Der Geschäftsführer will Gesa erst in zwei Wochen über seine Entscheidung informieren, hat zuvor aber bereits Lena ins Vertrauen gezogen, damit sie den Wechsel im Blick hat und bestimmte Arbeitsschritte schon auf die zukünftige Situation ausrichten kann.

Lena leidet sehr unter dieser Zwickmühle und kann seit Tagen nicht mehr schlafen. Sie findet es falsch, der Freundin nicht die Wahrheit zu sagen, andererseits sieht sie ein, dass ein Bruch des »Schweigegelübdes« viel Unruhe in die Arbeitsabläufe bringt. Ihre Gedanken kreisen hin und her, sie kommt zu keinem Schluss, wie sie sich Gesa gegenüber verhalten soll. Erschwerend kommt hinzu, dass sie jetzt schon ahnt, wie enttäuscht und verärgert diese auch im Nachhinein reagieren wird, wenn sie erfährt, dass Lena sie nicht umgehend über die Entscheidung der Geschäftsführung informiert hat.

Ein Dilemma ist dadurch gekennzeichnet, dass die betroffene Person, hier ist es Lena, nicht beide Optionen gleichzeitig umsetzen kann. Sie kann nicht Gesa informieren und gleichzeitig nicht informieren. Meistens entsteht dadurch eine gefühlte Ausweglosigkeit, die starken inneren Druck erzeugt und zu Stress- oder Angstreaktionen führt. Lena möchte trotzdem das Unmögliche möglich machen, weiß aber nicht, wie. Je stärker der innere Druck wird, desto größer ist die Stressreaktion. Je größer der Stress wird, desto weniger können sich die betroffenen Personen für eine der beiden Optionen entscheiden. Es entsteht ein Teufelskreis. Dazu kommt, dass die meisten Menschen nun versuchen, die Zwickmühlensituation rational zu lösen, manchmal auch mit Pro- und Kontralisten. Der innere Konflikt kann jedoch nicht kognitiv entschieden werden, weil es im Hintergrund meistens um zentrale Werte geht, die im Entscheidungsprozess mitberücksichtigt werden. Diese Werte sind den Personen nicht immer bewusst.

Im Gesundheitscoaching kann ein Dilemma mittels einer Aufstellung im Raum nach dem ▸ Tetralemmaprinzip (Sparrer u. Varga von Kibéd, 2010) bearbeitet werden. Anhand des Beispiels von Lena wird deutlich, um welche Handlungsoptionen und zugrunde liegenden Werte es gehen könnte:

Bei einem Dilemma schließt die eine Entscheidungsoption die andere aus. Dadurch entsteht ein großer innerer Druck, verbunden mit dem Gefühl der Ausweglosigkeit.

Schritt 1 - Erarbeitung aller vier Handlungsoptionen im Tetralemma

A = Ich sage Gesa, was los ist.

B = Ich halte mich an das Schweigegelübde.

A und B = Ich halte mich noch ein paar Tage an das Schweigegelübde und dann sage ich es ihr.

Weder A noch B = Ich bitte eine Kollegin, Gesa Bescheid zu sagen, und verpflichte diese zum Schweigen.

Schritt 2 - Erarbeitung der dahinterliegenden Werte

A = Offenheit

B = Loyalität

C = Loyalität mir selbst gegenüber, handlungsfähig bleiben

D = Pragmatismus und Lösungsorientierung

Die Werte werden auf Moderationskarten notiert und als Bodenanker im Raum verteilt. Nun stellt sich Lena nacheinander auf jeden Bodenanker und assoziiert frei, welche Bedeutung der jeweilige Wert für sie hat und wie sie selbst diese Bewertung im Dilemma empfindet.

A: Offenheit Gesa gegenüber ist ihr sehr wichtig, sie kann sich eine Freundschaft zu ihr ohne Offenheit nicht vorstellen. Bei längerem Nachdenken und Nachfühlen merkt sie, dass Gesa ihr gegenüber in dem Prozess auch nicht immer ganz offen gewesen ist, da sie erst sehr spät informiert wurde, dass sie umziehen wird. Auch die Geschäftsführung agiert nicht offen, das stört sie sehr, sie fühlt sich von ihr instrumentalisiert.

B: Loyalität ist Lena ebenfalls sehr wichtig. In diesem Fall empfindet sie die Loyalität dem Unternehmen gegenüber auch als Schutz. Wenn sie loyal ist, bleibt sie in der ihr zugewiesenen Rolle, und das schützt sie vor starken (negativen) Emotionen, die sie seitens Gesa befürchtet.

A und B: Der Aspekt, sich selbst in diesem Konfliktgeschehen loyal zu bleiben, ist neu für sie und bringt Ruhe ins Geschehen. Diese neuartige Perspektive will sie erst einmal auf sich wirken lassen.

Weder A noch B: In der jetzigen Situation fühlt sich dieser Pragmatismus nicht stimmig an. Wenn sie sich in diese Option einfühlt, merkt sie, dass ihr das in der jetzigen Situation zu oberflächlich ist.

Schritt 3 – das Strukturelle im Persönlichen erkennen und trennen

Die Frage nach Entscheidungsstrukturen und -kompetenzen bringt Lena dazu, die Rolle der Geschäftsführung zu reflektieren. Sie erkennt, dass das Schweigegelübde vor allem dem Geschäftsführer nützt. Wenn Lena schweigt, spart er Zeit, um sich selbst das Geschehen »bequem« zu gestalten. Lena reflektiert, dass sich der Geschäftsführer konfliktscheu verhält und von unangenehmen Gefühlen im Rahmen einer sofortigen Kündigung verschont wird.

Schritt 4 – Arbeiten mit somatischen Markern

Es werden zwei Stühle im Raum aufgestellt. Auf den einen setzt sich Lena, der Stuhl ihr direkt gegenüber wird imaginär mit Gesa besetzt. Lena soll sich nun vorstellen, dass die Freundin hier im Raum sitzt und sie mit ihr im Gespräch bzw. im stillen Kontakt ist. Um die Vorstellungskraft von Lena zu erhöhen, begleitet die Beraterin sie verbal: »Stell' dir vor, da sitzt sie jetzt, sie sieht dich erwartungsvoll an …«

Erste Handlungsoption: »Nun stell' dir vor, dass du offen bist und die Karten auf den Tisch legst. Du sagst ihr alles, was du weißt. Fühl' in dich hinein, wie sich das anfühlt – *Pause* – Du bist mit Gesa im Kontakt, da sitzt deine Freundin, der du alles erzählst, du bist mit ihr im Kontakt.«

Anschließend Gefühle und Gedanken kurz auswerten.

Zweite Handlungsoption: »Nun stell dir vor, dass du schweigst. Du bist mit Gesa im Kontakt, sie ist da und sieht dich an, aber du schweigst.«

Anschließend Gefühle und Gedanken kurz auswerten.

Nach dieser zweiten Runde reagiert Lena spontan: Sie wird es ihr nicht sagen. Diese Entscheidung trifft sie sofort, das Ergebnis ist für sie selbst überraschend. Durch das Einfühlen registriert sie einen starken Impuls des Selbstschutzes. Ihr Bauchgefühl hat ein eindeutiges somatisches Signal (► somatische Marker) gegeben: Ihr Bauchgrummeln in Explorationsphase 1 hat »Stopp« signalisiert, in der Explorationsphase 2 hat sie sich »aufrechter« und stärker gefühlt, sodass sie in dieser Situation ein stärkeres »Go« empfunden hat.

In der anschließenden Reflexionsphase beschließt Lena, dass sie noch eine Woche abwarten wird, um dann Gesa anzusprechen und sie über die Vorgänge zu informieren. Sie wird ihre Vorgesetzte gleichzeitig bitten, sie Gesa gegenüber zu »rehabilitieren«, indem sie einfordert, sie in Kenntnis zu setzen, wie dieses Schweigegelübde entstanden ist.

Bei der Erarbeitung von Lösungen werden keine konkreten Lösungen, sondern ein individueller Lösungsprozess angestoßen.

Die beiden Praxisbeispiele haben verdeutlicht, wie in der Vertiefungsphase systemisch-ressourcenorientiert gearbeitet werden kann. Im Anschluss an die Vertiefungsphase werden Lösungen bzw. Lösungswege besprochen.

Phase 4: Lösungen

Systemisch gesehen geht es in der Lösungsphase des Coachingprozesses nicht darum, konkrete Lösungsvorschläge zu formulieren. Natürlich kann ein*e Coach*in auch Vorschläge machen, die Umsetzungshoheit sollte jedoch bei dem*der Coachee liegen. Wir sprechen daher eher von einem Lösungsprozess, der angestoßen werden soll. Um sich am ursprünglich formulierten Auftrag zu orientieren und auf der Basis der in der Vertiefungsphase gewonnenen Erkenntnisse konkrete Schritte und Maßnahmen zu formulieren, helfen Modelle wie SMART (S = *spezifisch;* M = *messbar;* A = *anspruchsvoll;* T = *terminiert*). Im systemischen Gesundheitscoaching arbeite ich lieber mit dem *KRAFT-Modell:* K = *konkret;* R = *realistisch;* A = *anspruchsvoll;* F = *Fähigkeiten;* T = *terminiert* (Müller, 2003). Im Unterschied zum SMART-Modell beachtet das KRAFT-Modell die Fähigkeiten des*der Klient*in und repräsentiert somit das Prinzip der Ressourcenorientierung:

K konkret und sinnesspezifisch

- Was genau wollen Sie erreichen?
- Wann, wo und mit wem wollen Sie es erreichen?
- Was sehen, hören, fühlen Sie, wenn Sie Ihr Ziel erreicht haben?
- Was wollen Sie tun? Nicht: Was wollen Sie lassen, beenden, vermeiden?

R realistisch

- Wie können Sie die Erreichung des Ziels eigenaktiv beeinflussen?
- Was steht in Ihrem Einflussbereich?
- Was genau können Sie tun? Nicht: Was sollen andere für Sie tun?

A attraktiv

- Was ist Ihnen wichtig daran, dieses Ziel zu erreichen?
- Was wird sich für Sie oder Ihre Umgebung verändern?

- Welche positiven Auswirkungen hat dies für Ihre Umgebung?
- Welchen Nutzen und Gewinn erhoffen Sie sich dadurch?

F Fähigkeiten
- Welche Ressourcen (Fähigkeiten, Eigenschaften, Referenzerfahrungen) stehen Ihnen zur Verfügung, um Ihr Ziel zu erreichen?
- Wie können Sie diese Ressourcen einsetzen?

T terminiert
- Bis wann wollen Sie Ihr Ziel erreichen (Datum)?
- Was ist Ihr erster Schritt in Richtung Ziel?
- Was genau müsste der erste Schritt beinhalten?

Das KRAFT-Modell bietet sowohl für das Coachinggespräch als auch für den*die Klient*in eine praktikable Grundlage, um eigene Ziele konkret zu formulieren, zu überprüfen, ob die gesetzte Zielsetzung mit dem eingangs formulierten Auftrag korrespondiert, und zu reflektieren, inwiefern eigene Fähigkeiten, Ressourcen oder Kompetenzen vorhanden sind, um die Zielsetzung wahr werden zu lassen. Der Aspekt der Fähigkeiten macht gegebenenfalls darauf aufmerksam, dass es noch etwas zu lernen gibt. Im Falle von Sven ist es die achtsame, mentale Vorbereitung, die ihm hilft, die Ruhe und Souveränität im Konfliktgespräch zu zeigen, die ihm wichtig ist. Vielleicht sind es Atementspannungstechniken, Achtsamkeitsübungen oder andere mentale Tools, die Laura ihm zeigen könnte, um die von ihm gewünschte Gelassenheit zu entwickeln, wenn er sie braucht.

Sven hat mithilfe des KRAFT-Modells folgende Ziele und Aspekte formuliert:

- K: Ich möchte lernen, mich in Konfliktsituationen offen und gleichzeitig gelassen und ruhig mit meinen Ansichten und Positionen zu äußern.
- R und A: Dieses Ziel ist für mich wichtig, um meine Teamleiterrolle selbstsicher auszufüllen. Ein konstruktives Konfliktlösungsverhalten hilft mir außerdem, inneren Druck abzubauen, um später, nach Feierabend, besser abschalten zu können. Ein selbstsicheres Auftreten in Konfliktsituationen hilft mir, mich in meiner eigenen Haut wohler zu fühlen. Das Ziel ist realistisch und anspruchsvoll, wenn ich daran arbeite, mich in Konfliktsituationen anders zu verhalten.
- F: Um dieses Ziel zu erreichen, möchte ich neue Gesprächstechniken speziell für Konfliktsituationen erlernen. Ich möchte Techniken der gewaltfreien Kommunikation erlernen und spezifische Ansätze aus dem Soft-Skill-Bereich lernen.
- T: Ich nehme mir zunächst einen Zeitraum von drei Monaten vor, werde ein Gesprächstraining besuchen und mir dann bestimmte Gesprächssituationen vornehmen, in denen ich mich innerhalb dieser drei Monate anders verhalten werde.

Zum Abschluss dieses Kapitels möchte ich daher das Grundprinzip eines Vorgehens im Gesundheitscoaching hervorheben:

- Den*die Klient*in mit seiner*ihrer individuellen Problemlage ernst nehmen und anhören.
- Gemeinsam mit dem*der Klient*in einen individuellen Auftrag formulieren. Nur der*die Klient*in selbst bestimmt, welche Entwicklung er*sie durchlaufen möchte. Hier hilft das Wissen um Aspekte der physischen, psychischen und sozialen Gesundheit, um einen Rahmen zu stecken, der Sicherheit und Orientierung gibt.
- In der Vertiefungsphase werden entweder neue gesundheitsförderliche Verhaltensweisen rund um die physische, psychische und soziale Gesundheit erarbeitet und trainiert oder der*die Coach*in begleitet einen Selbstreflexionsprozess, der eine veränderte Grundhaltung zur eigenen physischen, psychischen oder sozialen Gesundheit anregt.
- Zum Abschluss werden die wohlformulierten, gesundheitsförderlichen Ziele des*der Klient*in in Form von Schritten und Maßnahmen organisiert. Gegebenenfalls begleitet der*die Coach*in den*die Klient*in auch bei der Umsetzungsphase dieser Ziele.

Im nächsten Kapitel knüpfen wir an der Umsetzungsphase an. Ich möchte Ihnen Ansätze und Techniken vorstellen, mit denen Klient*innen ihre Ziele in Bezug auf die physische, psychische und soziale Gesundheit umsetzen können.

Zusammenfassung

Ein Gesundheitscoaching kann systematisch geplant werden. Die vorgestellte Prozessstruktur mit den Schritten »Anliegen«, »Auftrag«, »Vertiefung« und »Lösung« kann eine hilfreiche Orientierung bieten. Je nach Arbeitsphase bietet der*die Gesundheitscoach*in passende Interventionen an und behält dabei die von dem*der Klient*in formulierte Zielsetzung im Blick. In der Vertiefungsphase setzt sich der*die Klient*in oft mit eigenen (zum Teil unbewussten) Denk- und Verhaltensmustern auseinander, die er*sie aktuell als gesundheitsschädlich bewertet. Im Übergang zur Lösungsphase können erste Lösungsansätze für die Etablierung neuer, gesundheitsförderlicher Denk- und Verhaltensmuster erarbeitet werden.

4 Rechnen Sie mit Schwierigkeiten: Persönliche Gesundheitsziele in der Umsetzung

Die wichtigste Phase des Gesundheitscoachings beginnt nach der Sitzung. Der*die Klient*in versucht nun das, was er*sie sich vorgenommen hat, im Lebens- und Berufsalltag umzusetzen. Viele Menschen haben jetzt Probleme, ihre im Coaching erarbeiteten Ziele zu verwirklichen, denn die gewohnten Einstellungs- und Verhaltensmuster lassen sich nicht so einfach über Bord werfen. Je nach Lebensalter werden wir seit Jahren und Jahrzehnten von zum Teil unbewussten Denk- und Verhaltensmustern gesteuert. Da helfen wenige Coachingsitzungen nicht, die gewohnte Routine zu verlassen.

Im nächsten Abschnitt möchte ich Ihnen zunächst theoretische Grundlagen von Veränderung bzw. Veränderungsmotivation vorstellen, bevor wir klären, inwiefern und in welchem Ausmaß Veränderungen umsetzbar sind.

4.1 Für die Grundausstattung: Die Macht der Gewohnheit oder die Psychologie und Neurobiologie der Veränderung

Vor einigen Jahren habe ich die Abteilungsleiterin einer Bank beraten, die ein aus ihrer Sicht störendes Verhaltensmuster verändern wollte: Es fiel ihr schwer, sich selbst vor großen Belastungen zu schützen. Da das Bankhaus gerade mit einer anderen Bank fusionierte, war ständig zu viel zu tun. Es war klar, dass der Fusionsprozess erst im folgenden Jahr abgeschlossen sein würde. Im Rahmen der Belastungsphase und der Mehrarbeit litt die Abteilungsleiterin bereits unter großen gesundheitlichen Problemen. Sie hatte einen zu hohen Blutdruck, seit Monaten Schlafstörungen und seit Kurzem auch noch einen Tinnitus. Der Stress ließ sie Mitarbeiter*innen gegenüber ungerecht und ungeduldig werden, und immer häufiger kam es vor, dass sie mitten im Gespräch in Tränen ausbrach. Vorgesetzte wurden auf das »merkwürdige« Verhalten der sonst so unkompliziert und geräuschlos arbeitenden Abteilungsleiterin aufmerksam, erste kritische Bemerkungen wurden laut. Sowohl ihr behandelnder Arzt als auch ihr Mann waren besorgt. Beide bezweifelten, dass sie das nächste Jahr ohne großen physischen und psychischen Schaden überstehen würde. Trotzdem gelang es ihr nicht, sich von Mehrarbeit und Überstunden, die ursächlich aus ihrem Team und im Rahmen des Fusionsprozesses verursacht wurden, abzugrenzen.

Mich erinnern diese Situationen oft an Patient*innen mit Lungenkrebs, die trotz Erkrankung in den Raucherecken des Krankenhauses stehen, um ihren täglichen Nikotinlevel zu halten. Rational und von außen betrachtet wirken diese Situationen paradox und unsinnig. Doch die Beispiele zeigen, wie schwer es uns fällt, gewohnte Verhaltensmuster zu verändern. Dieser »Veränderungswiderstand« wird schon in banalen Alltagssituationen deutlich: Wir können unseren inneren Schweinehund nicht überwinden, um Sport zu machen, obwohl wir wissen, dass keinen Sport zu treiben ein Gesundheitsrisiko beinhaltet. In Stresssituationen belohnen wir uns mit fettem und ungesundem Essen, obwohl wir ganz genau wissen, dass dadurch der Stress im Körper noch größer wird.

Ganz gleich, ob die Auswirkung so dramatisch wie bei den Lungenkrebspatient*innen ist oder harmlos, wenn es darum geht, auf das gewohnte Feierabendbier zu verzichten: Die meisten Menschen möchten ihre gewohnten Verhaltensmuster nicht verändern, noch nicht einmal dann, wenn ein hohes Risiko damit verbunden ist. Rationale Erkenntnisprozesse reichen nicht aus, um Veränderungen in Richtung Gesundheit anzustoßen.

> Wir verändern unsere gewohnten Verhaltensmuster nur zugunsten eines Ziels, das uns wirklich attraktiv erscheint.

Der Hirnforscher Gerhard Roth hat nachgewiesen, dass uns emotional geprägte Veränderungen am schwersten fallen (Roth u. Ryba, 2019). Scheinbar unsinnige Verhaltensweisen wie das erwähnte Rauchen oder auch die Tendenz, zu viel zu arbeiten und über die eigenen Belastungsgrenzen zu gehen, sind emotional erlernt und geprägt. Meistens sind sie mit Motiven und Bedürfnissen verknüpft, die uns nicht bewusst sind. So kann das Rauchen mit dem Bedürfnis nach sozialer Anerkennung oder Entspannung gekoppelt sein, und die Vorstellung, das Rauchen aufzugeben, erscheint uns (unbewusst) als emotionaler Verlust. Bleiben wir beim Beispiel der Abteilungsleiterin: In ihrem Fall war das Verhalten »Mehrarbeit« mit dem unbewussten Bedürfnis nach Anerkennung gekoppelt. Das erklärt, warum es nicht so einfach ist, einfach mit dem Überstunden-Machen aufzuhören. Emotional gesehen wäre das mit einem Verlust von Anerkennung verbunden.

Der Zukunftsforscher Matthias Horx (2011) weist auf drei Aspekte hin, die uns daran hindern, gesundheitsschädigendes Verhalten aufzugeben:

- Gewohnheitsprogrammierung: Viele Wiederholungen prägen eine Routine, die wir nicht aufgeben.
- Soziale Programmierung: Auch gesundheitsschädigendes Verhalten (wie zum Beispiel Rauchen) wird sozial verstärkt. Etwa in Unternehmen, wo die Raucherecken als Informationszentren des Informellen einen wichtigen Beitrag für unseren Platz in einer Gemeinschaft leisten.
- Kompensationsprogrammierung: Mehr oder weniger unbewusst wollen wir uns durch gesundheitsschädigendes Verhalten belohnen. In vielen Fällen liegen den Kompensationsprogrammen emotionale Erfahrungsmuster zugrunde, die nicht aufgelöst werden konnten (Beispielsweise: Ich gönne mir ein schönes Stück Sahnetorte, weil ich mir damit beweise, dass ich etwas wert bin. Bei meiner Mutter gab es nur dann seltene

friedliche Momente, wenn ich eine süße Belohnung erhalten habe).

Die Hirnforschung erklärt uns, wie es trotzdem möglich sein kann, diese innere Zwickmühle aufzulösen. Und das kennen Sie vielleicht auch: Ganz plötzlich gelingt es, etwas im eigenen Leben zu verändern, woran jahrelang nicht zu rütteln war. Plötzlich fängt jemand an, Marathon zu laufen, trennt sich von einer langjährigen Partnerschaft oder kündigt den Job. In diesen Veränderungsmomenten, die häufig als Blitzlichter der inneren Erkenntnis beschrieben werden, schiebt sich ein Bedürfnis oder Motiv, das vorher nachrangig war, plötzlich vehement in den Vordergrund.

Dazu schreibt der Hirnforscher Gerhard Roth: »Motive sind psychische Antriebszustände für Handlungen, die nicht selbstverständlich ablaufen, sondern eine bestimmte Schwelle oder bestimmte Widerstände überwinden müssen. Je höher die Widerstände, desto stärker muss der Antrieb zu einer bestimmten Handlung sein – also der Wille, etwas Bestimmtes zu tun« (Roth u. Ryba, 2019, S. 208).

Das bereits erwähnte Konzept der ▶ Selbstwirksamkeit erklärt ebenfalls, welcher Veränderungsmotor in Gang gesetzt werden muss, damit wir aktiv werden: die Gewissheit, dass der infrage kommende Veränderungsprozess die eigene persönliche Entwicklung vorantreibt.

Denn immer dann, wenn wir selbst den Eindruck haben, eine Veränderung unterstützt unser persönliches Wachstum und entspricht unseren Fähigkeiten, Zielen und

Bedürfnissen, entwickeln wir eine viele größere Veränderungsmotivation, als wenn wir eine einfache Belohnung erhalten. Nicht selten entsteht der Veränderungsimpuls über einen Leidensdruck. Die Abteilungsleiterin im Beispiel oben möchte auf keinen Fall so weitermachen wie bisher. In ihrem Inneren weiß sie, dass sie etwas verändern *muss*, wenn sie gesund bleiben möchte. Gleichwohl ist der Veränderungsprozess konflikthaft und vollzieht sich selten per Knopfdruck, sondern aufgrund des zugrunde liegenden Konfliktgeschehens auf der Motivebene mit einem ständigen Hin und Her. Im Fall der Abteilungsleiterin muss das neu erstarkte Motiv »Gesunderhaltung« mit dem altbekannten Motiv »Anerkennung durch Leistung« neu ausbalanciert werden. Erst wenn dieser Reflexionsprozess auf eine für die jeweilige Person stimmige Art und Weise abgeschlossen ist, kann die konkrete Umsetzung der neuen Grundhaltung beginnen.

Was nicht funktioniert:
Auf der persönlichen Ebene helfen keine Motivationsstrohfeuer nach dem »Tschakka-Prinzip«. Wer an Gewicht verlieren will, wird Heißhungerattacken bewältigen müssen, in denen er*sie sich mit der Erfahrung des Scheiterns auseinandersetzen muss, ohne aufzugeben. Prozesse des Scheiterns durchlebt man am besten mithilfe eines guten und konstruktiven Selbstreflexionsprozesses. Gerade hier liegt der Wert des Gesundheitscoachings: Menschen darin zu unterstützen, eigene Ziele zu erreichen, indem sie ihre Gesundheits- und Veränderungskompetenzen erweitern.

Neben vielen praktischen Tipps und Techniken zur Umsetzung (siehe Abschnitt 4.2) sind besonders die Selbstreflexions- bzw. Metakompetenzen zu beachten, die uns vor der Umsetzung helfen, die eigene Situation zu analysieren und zu verstehen.

Der erste wirksame Schritt auf dem Weg zur Veränderung ist das selbst gewählte Ziel. Die Erfahrung, sich selbst ein Ziel zu setzen, das sinnvoll und herausfordernd erscheint, und diese Anforderung bewältigen zu können, stärkt die von Bandura (1997) beschriebene Selbstwirksamkeit. Wenn dann noch die soziale Unterstützung und Bestätigung folgt, können Veränderungen wirksam und langfristig Bestand haben. Der Sozialmediziner Nicholas Christakis hat untersucht, inwiefern das soziale Umfeld beim gesundheitsförderlichen oder gesundheitsbelastenden Lebensstil eine Rolle spielt. Er stellte fest, dass sich die Wahrscheinlichkeit, gesund zu leben, immer dann stark erhöht, wenn Freunde, Nachbarn oder Familienmitglieder einen gesunden Lebensstil pflegen (Christakis u. Fowler, 2010). Diese Erkenntnis kennen wir auch aus der Entwicklungspsychologie. Es ist bekannt, dass im Jugendalter der Einfluss der Peers im großen Maße bestimmt, wie wir uns verhalten. Diese Erkenntnis hilft uns in der Umsetzungsphase des Gesundheitscoachings. Wer sich mehr bewegen, seinen Stress merklich reduzieren und die eigene Ernährung umstellen möchte, sollte sich einem Umfeld aussetzen, das sich

> Veränderungen gelingen nicht ad hoc, sondern sind mit Rückschlägen verbunden, die im Gesundheitscoaching ausgewertet und reflektiert werden können.

ähnlich verhält. Systemisch betrachtet zeigt sich der Einfluss des sozialen Umfelds und der sozialen Beziehungen. Gesundheitscoach*innen können den Einfluss von Freund*innen, den Arbeitsbeziehungen und der Familie im Hinblick auf Unterstützungspotenzial analysieren, um in den Fällen, wo die soziale Unterstützung bei der Umsetzung von Gesundheitszielen fehlt, einen konstruktiven Konfliktklärungsprozess anzuleiten. In einigen Fällen kann es hilfreich sein, das unmittelbare Umfeld in die Beratung mit einzuladen, um die wichtige soziale Unterstützung zu gewährleisten.

4.2 Für den Werkzeugkoffer: Transfertechniken für kreative Umsetzungsprozesse

Im Gesundheitscoaching werden vielfältige Lebensbereiche angesprochen. Die Veränderungswünsche der Klient*innen beziehen sich auf Aspekte von *Bewegung, Ernährung, Entspannung* oder der *mentalen Grundeinstellung* (siehe Abb. 15). Letzteres meint die Art und Weise, wie wir denken und fühlen, und umfasst sowohl bewusste als auch unbewusste Vorgänge.

Die beschriebenen Transfertechniken sind auf alle Veränderungsbereiche anwendbar. Manchmal ist es empfehlenswert, in den einzelnen Bereichen eine spezielle Expertise als Gesundheitscoach*in anbieten zu können, entweder als Sportexpert*in, Ökotropholog*in, Achtsamkeitstrainer*in oder psychosoziale Berater*in und Psycho-

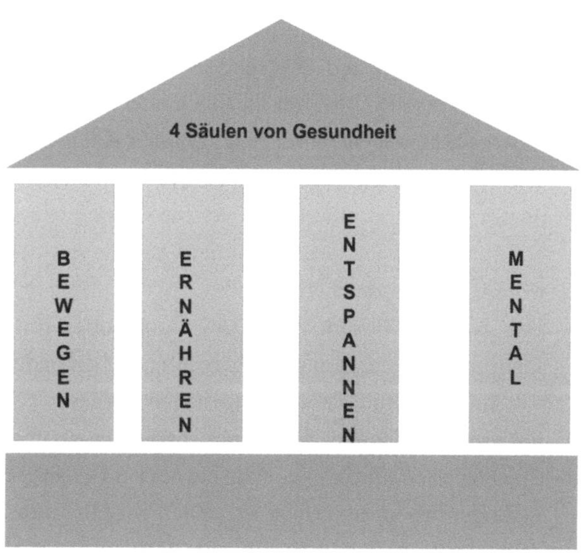

Abb. 15: Vier Säulen von Gesundheit

log*in/Psychotherapeut*in. Folgende Transfertechniken können hilfreich sein:

– *Visualisierung des Ziels:* Wenn ein individuelles Ziel in einem der Bereiche Bewegung, Entspannung, Ernährung oder mentale Grundeinstellung erarbeitet wurde, kann ein Symbol gefunden werden, ein Foto oder ein bildhaftes Zeichen, das an einem sichtbaren Platz in der Wohnung aufgehängt werden kann. Manchmal hilft es auch, ein Foto auf das Smartphone zu übertragen und immer wieder anzuschauen, um sich die damit verbundenen Bedürfnisse bewusst zu machen.

Manchmal ist es auch hilfreich, sich einen positiven Glaubenssatz aufzuschreiben und als Karte in der Wohnung, auf dem Rechner, im Tagebuch oder an anderen Orten aufzuhängen, damit er sich in den Alltag integriert. Wichtig ist, dass neue, positive Glaubenssätze immer positiv formuliert sind (»Ich bin frei und selbstbestimmt und kann tief durchatmen« anstelle von »Ich will nicht mehr rauchen«).

- *Das Ziel als Termin:* Bewegungs- und/oder Entspannungsziele sollten gleichberechtigt neben anderen Aufgaben im Kalender eingetragen werden.
- *Belohnung und Erfolge feiern:* Immer dann, wenn man eine Etappe erfolgreich bewältigt hat oder ein wichtiger Veränderungsschritt erfolgt ist, sollten wir kurz innehalten und uns belohnen bzw. uns bewusst machen, dass wir etwas Außergewöhnliches geschafft haben. Erfahrungsgemäß ist die Nichtbeachtung eigener Erfolge eines der größten Hindernisse auf dem Weg der Veränderung. Einige Apps bieten diesen Belohnungsservice frei Haus als Push-up-Nachricht, wenn man ein vorher eingegebenes Ziel erreicht hat. Es gibt Menschen, die sehr positiv auf diese digitalen Lobnachrichten reagieren, andere springen weniger stark darauf an. An dieser Stelle sei auch darauf hingewiesen, dass einige Menschen sehr positiv auf das Wettkampfprinzip ansprechen, wenn sie Ziele erreichen wollen. Man kann mittels einer App oder eines Trackingarmbands oder ähnlichen Wearables digitale Mitstreiter*innen finden, mit denen man sich misst. Im Gesundheitscoaching kann erarbeitet werden,

inwiefern die digitale und soziale Unterstützung im Netz und das Sich-Messen mit anderen beim Erreichen von Zielen hilfreich ist. Beim digitalen oder realen Wettkampf mit anderen ist Vorsicht geboten bei der Auswahl der Sparringspartner*innen. Man sollte darauf achten, in einer Liga zu spielen. Wenn ich mich auf Olympianiveau vergleiche, ist meine Veränderung von vornherein zum Scheitern verurteilt.

- *Peercoaching:* Je stärker das soziale Umfeld in den Veränderungsprozess mit einbezogen werden kann, desto wahrscheinlicher ist der Umsetzungserfolg. Im Gesundheitscoaching kann eingangs das soziale Unterstützungsnetz erfasst werden. Zu diesem Zweck können Personen benannt werden, die das eigene Vorhaben unterstützen. Zudem ist es hilfreich, Personen zu benennen, die die formulierten Ziele wahrscheinlich nicht unterstützen. So kann der*die Klient*in sich bewusst werden, welche sozialen Beziehungen er*sie aufsuchen sollte und welche sozialen Situationen er*sie gegebenenfalls zunächst vermeiden sollte. Beispiel: Wenn jemand das Rauchen aufgeben möchte, ist ein Treffen mit Nichtraucher*innen hilfreicher als ein Treffen mit vielen Raucher*innen. Darüber hinaus können einzelne Personen aus dem Freundes- oder Familienkreis angesprochen werden, um konkrete Unterstützung zu leisten.

Folgende Vereinbarungen sind denkbar:

- Man kontaktiert zu vorher verabredeten Zeiten die Unterstützungsperson, die vorab instruiert ist, bestimmte Fragen zu stellen oder einen bestimmten Dialog zu führen. Welche Fragen oder welche Art von Gespräch das genau sein soll, kann im Coaching im Vorfeld individuell abgestimmt werden. Es sollten in jedem Fall Fragen bzw. Gespräche sein, die unterstützenden und nicht bestrafenden Charakter haben. Im Dialog sollten Bewältigungsressourcen aufgedeckt werden.

- Eine andere Möglichkeit besteht darin, sich mit Gleichgesinnten zusammenzufinden, die das gleiche Ziel verfolgen. Das Weight-Watchers-Prinzip funktioniert auf diese Art und Weise seit Jahren erfolgreich bei der Umsetzung von Zielen zur Gewichtsreduktion. Manchmal bietet es sich an, eine eigene, private Peergroup zu gründen. Im Gesundheitscoaching kann die Gründung einer solchen Gruppe geplant werden.
- Eine Peerunterstützung beim Erreichen von Zielen kann auch durch Apps abgebildet werden. Die App »Balance your life« hilft beispielsweise dabei, den individuellen Veränderungsprozess zu unterstützen (siehe unten).

Auch die *Fortschrittskala* bietet die Möglichkeit einer kreativen Umsetzung: Das Arbeiten mit der Fortschrittskala ist im systemischen Coaching sehr beliebt, denn sie würdigt kleine Veränderungen und Fortschritte auf eine sehr prägnante Art und Weise. Beim Erreichen eines Ziels schätzt man die eigenen Erfolge oft zu niedrig ein. Die Visualisierung mit der Skala hilft nicht nur, die Fortschritte deutlicher zu sehen, sondern sie bietet auch die Möglichkeit, Ressourcen und Kompetenzen zu visualisieren. Gerade bei Rückschritten ist es hilfreich, sich dieser Kompetenzen wieder bewusst zu werden, um die nächsten Schritte weiter zu planen.

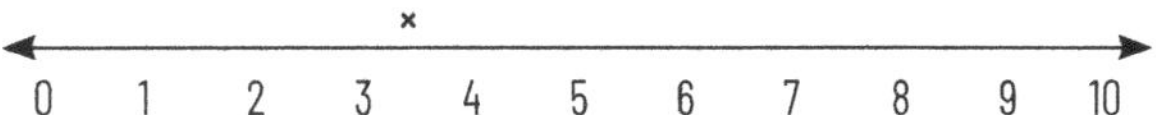

Im Gesundheitscoaching können beim Arbeiten mit der Fortschrittskala folgende Fragen gestellt werden:

- Wie soll die Skala benannt werden? Was möchten Sie erreichen (im Unterschied zu: Was möchten Sie nicht erreichen)?

Die Skala richtig zu benennen, hilft dem*der Klient*in, seine*ihre Ressourcen und Kompetenzen zu erkennen, und stimmt in Richtung Lösungsorientierung ein. Ein Beispiel: Wer besser mit Stress umgehen möchte, sollte die Fortschrittskala nicht »Stressskala« oder Ähnliches nennen, sondern besser »Weiterentwicklung meiner Entspannungsfähigkeit«.

- Wo stehen Sie im Moment auf der Skala? Finden Sie einen passenden Wert.
- Was macht den Unterschied aus, wenn Sie nicht mehr bei … stehen, sondern bei …?
- Nehmen wir an, Sie wären auf der Skala schon einen kleinen Schritt weiter, woran würden Sie das merken? Woran würden andere Menschen merken, dass Sie weitergekommen sind?

An dieser Stelle können Ziele und Maßnahmen formuliert werden, die den Transfer gewährleisten.

Wenn die ersten Erfolge sichtbar werden:

- Wie haben Sie das geschafft?
- Welche Fähigkeiten oder Kompetenzen haben Sie genutzt, um voranzukommen?

4.3 Digitale Helfer: Health-Apps und Wearables

In der Phase der Umsetzung können Apps bzw. Wearables nützlich sein, um eigene Ziele zu erreichen. In den letzten Jahren haben Wearables, damit sind tragbare Computergeräte gemeint, die Körperdaten messen, großen Anklang gefunden. Fitnesstracker und Smart Watches werden vielfältig genutzt, um beim Sporttreiben oder auch im Rahmen von Erkrankungen Daten zu messen und zu nutzen, um Bewegungs-, Ernährungs- und/oder Entspannungsziele zu erreichen. Im selben Maße nützen Health-Apps, um selbstständig, ohne einen Kurs zu besuchen, Yoga, Entspannungs- oder Meditationsübungen durchzuführen. Wearables und Health-Apps sind also hilfreiche Instrumente für die eigene Umsetzungsphase. Sie sollten jedoch gezielt und bewusst eingesetzt werden. Der unreflektierte Umgang mit allgemeingültigen Zielvorgaben schadet, wenn der*die Nutzer*in in einen permanenten Selbstoptimierungsdruck gerät. Expert*innen warnen davor, das eigene, intuitive Körpergefühl zu missachten, wenn man sich ausschließlich an externen Leistungsvorgaben orientiert oder sich sehr häufig mit anderen Personen in einer Art Wettkampf misst und in diesem Zusammenhang Daten in den sozialen Medien teilt.

Im Rahmen des Gesundheitscoachings kann sorgfältig besprochen werden, wie digitale Geräte einen gesunden, individuellen und stimmigen Veränderungsprozess unterstützen. Wenn die Steuerungskompetenz für die eigene Gesundheit einem digitalen Gerät überlassen wird, verfehlen die Nutzer*innen den gesundheitsförderlichen Effekt.

Hier eine Auswahl nützlicher Apps:

- *7Mind:* Mithilfe dieser App können bei Bedarf siebenminütige Meditationssitzungen abgerufen werden. Der Zeitpunkt lässt sich individuell bestimmen. Eine kostenlose Version liegt vor.
- *Mindshine:* Diese App unterstützt unterschiedliche Ziele im Bereich Achtsamkeit, Selbstbewusstsein und Motivation.
- *Balance your life:* Mithilfe dieser App kann man Veränderungen in eigenen Lebensbereichen reflektieren.

4.4 Kein Scheitern, sondern Lösungsversuch: Rückfälle sind Chancen zum Lernen

Es ist wenig überraschend, dass einmal gesteckte Ziele nicht sofort reibungslos umgesetzt werden können. Im Gegenteil: Grundlegende Veränderungen des Verhaltens zeigen keinen linearen Verlauf zum Ziel, vor allem dann nicht, wenn nicht nur das oberflächliche Verhalten geändert werden soll, sondern damit zugrunde liegende Einstellungen und emotionale Muster berührt werden. Wie im ersten Abschnitt erläutert, gehen wir häufig davon aus, dass ein Verhalten, das einen nicht sofort erkennbaren »Sinn« für die Person hat, eher schwer veränderbar ist. Scheinbar ungesunde Verhaltensweisen wie Rauchen, Trinken oder fettes Essen können psychodynamisch wichtige Funktionen in der innerpsychischen Balance übernehmen. Bevor kein »Ersatz« angeboten wird, wird sich unser Innerstes dagegen sträuben, diese Funktionen ersatzlos zu streichen. So gesehen kann es gar keinen Rückfall im klassischen Sinne geben, sondern in der systemisch-ressourcenorientierten Sprache ist der Rückfall eher ein Hinweis, den wir im Gesundheitscoaching beachten sollten. Der Hypnosystemiker Gunther Schmidt (2019) weist darauf hin, dass der Sprachgebrauch »Rückfall« im Beratungsprozess eine ungünstige hypnotische Fokussierung auf Defizite in Gang setzt. Er empfiehlt daher, einen Rückfall systemisch-lösungsorientiert als Lösungsversuch auf dem Weg zum selbst gewählten Ziel zu bewerten. Eine »Ehrenrunde« birgt wichtige Informationen, die im Beratungsprozess gemeinsam mit dem*der Klient*in ausgewertet werden können.

So kann beispielsweise geklärt werden:

- *… ob das formulierte Ziel für die Person wirklich passt:* Möglich ist, dass die Zielformulierung nicht selbst gewählt war, sondern dass der*die Klient*in unbewusst versucht, die Erwartungen anderer Personen im Umfeld zu erfüllen. Dann wäre dies ein wichtiger Hinweis, die eigene intrinsisch motivierte Zielformulierung noch mal zu überprüfen.

- *... ob das soziale Bezugssystem die Veränderung mitträgt:* Wenn die Verhaltensmuster in der eigenen Familie oder am Arbeitsplatz den Veränderungszielen entgegenstehen, ist es für die Klient*innen sehr schwer, das gewünschte Ziel zu erreichen. Wenn man sich beispielsweise in einer Familie voller Raucher das Rauchen abgewöhnen möchte, dann fehlt die Unterstützung aus dem unmittelbaren Umfeld. Im Gesundheitscoaching wäre dann zu erarbeiten, wie realistisch das Ziel, rauchfrei zu werden, angesichts des sozialen Umfelds erscheint bzw. inwiefern es möglich ist, das Umfeld unterstützend mit einzubeziehen.
- *...ob die Zielformulierung neu überprüft werden sollte:* Hier kann es hilfreich sein, nochmals nach dem »guten Grund« zu fragen. Inwiefern ist es wichtig für das eigene Wohlbefinden, trotz der Gesundheitsgefährdung zu viel zu arbeiten, sich zu wenig zu bewegen, zu viel zu rauchen, zu selten Nein zu sagen etc.?
- Auch ein Blick auf den Umsetzungsplan lohnt sich mitunter. Im Coaching kann analysiert werden, welche Umsetzungsmaßnahmen hilfreich waren, welche nicht und wie die einzelnen Schritte angepasst werden können (Schmidt, 2019).

4.5 Praxisbeispiel

Wie ein solcher Prozess aussehen kann, zeigt das folgende Beispiel:

Günther ist 58 Jahre alt und arbeitet seit 42 Jahren in einer Verwaltungsbehörde. Vor einem Jahr wurde sein Arbeitsbereich umstrukturiert, und er wurde versetzt, weil sein ursprünglicher Arbeitsbereich wegfiel. Seitdem leidet er unter Schlafstörungen und hohem Blutdruck. Sein Arzt hat ihm blutdrucksenkende Medikamente verschrieben und rät ihm, mit der belastenden Situation besser umzugehen. Günther nutzt das Angebot der EAP-Beratung und vereinbart einige Sitzungen mit einem Gesundheitscoach. Seine Veränderungsziele liegen in den Bereichen »Bewegung« und »Entspannung«. Auf einer Fortschrittskala bewertet er seine momentane Entspannungsfähigkeit mit 3–4 und möchte sich in Richtung 7–8 verändern. Um die Umsetzung zu garantieren, besucht er einen Achtsamkeitskurs und nimmt sich vor, einmal pro Tag am Arbeitsplatz um 13 Uhr sieben Minuten mit der App »7Mind« zu meditieren. Als weiteres Ziel formuliert er, sich mehr zu bewegen, und nimmt sich vor, jedes Wochenende schwimmen zu gehen und jeden Abend vor dem Schlafengehen einen halbstündigen Spaziergang zu machen. Nachdem er zunächst viele Maßnahmen erfolgreich umsetzen konnte und sich auch deutlich entspannter und gesünder fühlt, stellt sich drei Monate später in einem Coachinggespräch heraus, dass er den Großteil seiner Maßnahmen nicht umgesetzt hat. Die Rückfallanalyse ergibt, dass er sich zu viel auf einmal vorgenommen hat. Abends ist er zu faul, um noch mal spazieren zu gehen, und legt sich lieber auf die Couch, um gemeinsam mit seiner Frau fernzuschauen. Mittags vergisst er meistens die Siebenminuten-Meditation, weil irgendetwas Dringendes im Büro zu erledigen ist, und auch das Schwimmengehen ist oft ausgefallen, weil er mit seiner Familie oder mit Freunden lieber etwas anderes unternommen hat. Der Gesundheitscoach nimmt die Rückfälle zum Anlass, die Bedürfnisse neu zu erarbeiten, und bespricht mit Günther, wie er sein soziales Umfeld besser in die Umsetzung der Maßnahmen einbinden kann. Günther stellt fest, dass er seine sozialen Bedürfnisse bei der Erarbeitung der einzelnen Schritte nicht ausreichend berücksichtigt hat. Bei der erneuten Planung von Maßnahmen in den Veränderungsbereichen »Bewegung« und »Entspannung« reduziert er die abendlichen Spaziergänge um die Hälfte und plant sie stattdessen gemeinsam mit seiner Frau. Das Schwimmengehen streicht er zunächst, bucht aber bei der Volkshochschule einen Kurs, um sich mithilfe eines festen Termins einerseits stärker verpflichtet zu fühlen und andererseits die soziale Gemeinschaft nutzen zu können. Die Meditation um 13 Uhr am Arbeitsplatz soll bestehen bleiben, wird aber in seinem Kalender als regulärer Termin eingetragen. Mit seinem Chef bespricht er, dass in der Abteilung berücksichtigt wird, dass die Kolleg*innen diesen Termin respektieren und nicht stören. Dadurch, dass er sein Vorhaben in der Abteilung öffentlich macht, installiert er eine Art soziale Kontrolle, die ihm hilft, wirklich meditieren zu können.

Zusammenfassung

Wer Gewohnheiten und Verhaltensmuster verändern möchte, muss meistens mit Schwierigkeiten und Widerständen rechnen. Um diese Hindernisse zu überwinden, helfen systemisch-lösungsorientierte Ansätze der inneren Ziel- und Motivklärung. Im Anschluss an eine fundierte Selbstreflexion schließt die Umsetzungsphase an. Gesundheitscoach*innen können hier mit kreativen Visualisierungstechniken, Health-Apps und Wearables unterstützen. Im Gesundheitscoaching kann auch der ressourcen- und lösungsorientierte Umgang mit »Rückfällen« erarbeitet werden.

5 Aussichtsreiches Neuland: Die Führungskraft als Gesundheitscoach*in

Viele Führungskräfte möchten ihren Mitarbeiter*innen auf Augenhöhe begegnen. Sie legen Wert auf Vertrauen und Kooperation und überlassen diesen viel Verantwortung, Mitspracherecht und bieten große Handlungsspielräume an. Dadurch wächst automatisch die Selbstverantwortung von Mitarbeiter*innen, denn je größer die Handlungsspielräume sind, desto häufiger müssen sie sich selbstverantwortlich damit auseinandersetzen, eigene Belastungsgrenzen ernst zu nehmen und ein gesundes Maß an Leistungsbereitschaft auszutarieren. Im zweiten Kapitel hatte ich Ihnen eine Übersicht möglicher Gesundheitsgespräche in Unternehmen und Organisationen vorgestellt (siehe Abb. 16). Das Fürsorgegespräch als Format im Rahmen von Mitarbeiter*innen-Gesprächen bietet Führungskräften die Möglichkeit, ihre persönliche Haltung zur Gesunderhaltung am Arbeitsplatz kundzutun und individuelle Gesundheitsthemen am Arbeitsplatz lösungsorientiert zu besprechen.

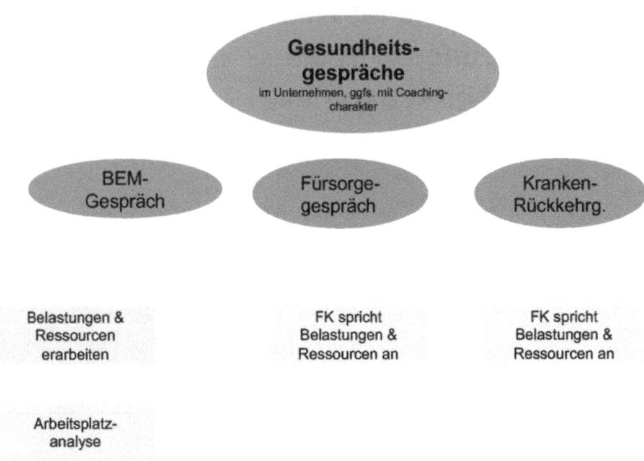

Abb. 16: Prozessstruktur Gesundheitsgespräche

Lothar Hartmann arbeitet seit drei Monaten als Softwareentwickler in einem IT-Unternehmen. Der neue Job ist sein Traumjob, und er freut sich über die vielen Freiräume, die er nutzen kann. Sein Chef verhält sich sehr verständnisvoll und überlässt ihm bei der Organisation und Projektsteuerung viele Entscheidungen. Für Lothar sind diese großen Spiel- und Handlungsräume ungewohnt. Als sein Projekt immer arbeitsintensiver wird, macht er viele Überstunden. Einige Wochen später registriert sein Chef, dass Lothar immer nervöser und gereizter wirkt. Er spricht ihn auf die Verhaltensänderung an und rät ihm, seine Arbeit neu zu priorisieren und auch mal Nein zu sagen. Lothar ist sehr überrascht. In seinen bisherigen Jobs haben seine Vorgesetzten ihn eher erbarmungslos angetrieben. Auf die Idee, Nein zu einer Aufgabe zu sagen, ist er noch nie gekommen. Gemeinsam mit seinem Chef vereinbart er, stärker auf seine Belastungsgrenzen zu achten. Seitdem macht er weniger Überstunden und arbeitet nicht mehr am Wochenende.

Führungskräfte, die gesundheitsgerecht führen, lassen ihre Mitarbeiter*innen mit dieser Herausforderung nicht allein. Im Sinne einer Mitverantwortung als Führungskraft, die gesundheitsförderliche Rahmenbedingungen am Arbeitsplatz schaffen möchte, sprechen viele ihre Mitarbeiter*innen wie im Beispiel oben beschrieben immer dann an, wenn sie befürchten, dass die Grenze zu einer gesundheitsgefährdenden Überforderung überschritten wird.

Dieser Führungsstil, der die Gesunderhaltung neben anderen Personalentwicklungsmaßnahmen in die Führungsaufgabe impliziert, ist sicherlich für viele Unternehmen noch neu und ungewohnt.

Die Führungskraft als Gesundheitscoach*in unterstützt Mitarbeiter*innen darin, ihren eigenen Weg zu mehr Gesundheit am Arbeitsplatz zu finden und die eigenen Gesundheitskompetenzen weiterzuentwickeln.

Wie eingangs beschrieben kannte die Arbeitswelt von früher keine Notwendigkeit, die körperliche und seelische Gesundheit im betrieblichen Rahmen zu thematisieren. Mit Ausnahme von Anforderungen des Arbeitsschutzes und der Vermeidung von Arbeitsunfällen galt die Gesundheit von Mitarbeiter*innen früher als reine Privatsache. Durch die zunehmende Entgrenzung der Arbeitswelt, die Arbeitsverdichtung und die großen Verantwortungsspielräume hat sich dieses Selbstverständnis verändert:

- Unternehmen legen Wert darauf, dass Mitarbeiter*innen gesund und leistungsfähig bleiben. Dies beinhaltet sowohl die körperliche als auch die psychische und soziale Gesundheit. Insbesondere in Bezug auf die psychische und soziale Gesundheit haben Führungskräfte große Einflussmöglichkeiten auf Mitarbeiter*innen durch die Art und Weise, wie sie führen (gesundheitsgerechter Führungsstil).
- Gesundheitsförderung am Arbeitsplatz ist immer dann besonders effektiv, wenn sich sowohl die Führungskräfte als auch die Mitarbeiter*innen für Gesundheitsförderung verantwortlich fühlen. Das Prinzip der geteilten Verantwortung dient hier als Grundhaltung für alle Interventionen, Maßnahmen und Gespräche, die zwischen Führungskraft und Mitarbeiter*in stattfinden.
- Durch den Fachkräftemangel hat sich – anders als in der Vergangenheit – ein »Arbeitnehmermarkt« entwickelt. Spezialist*innen und Expert*innen haben bei der Jobsuche oft die Qual der Wahl. Da wundert es nicht, dass viele Bedingungen stellen, denen die Unternehmen entgegenkommen müssen, um die Leistungsträger*innen zu binden. Gesundheitsgerechte Maßnahmen, die eine familienfreundliche Work-Life-Balance ermöglichen, gehören mittlerweile zu den Standards. Führungskräfte, die sich dieser besonderen Verantwortung der Gesundheitsförderung bewusst sind, leisten einen großen Beitrag zur Mitarbeiter*innen-Bindung hoch qualifizierter Fachkräfte.

Die Führungskraft der Zukunft führt gesund. Doch was genau verbirgt sich hinter dem Begriff »Gesunde Führung«? Der nächste Abschnitt erklärt, was damit gemeint ist.

5.1 Gesunde Führung: Was einen gesundheitsgerechten Führungsstil auszeichnet

In der Einleitung hatte ich eine Statistik erwähnt, die ich an dieser Stelle nochmals zeigen möchte (siehe Abb. 17). Sie erklärt, vor welchem Hintergrund der Führungsstil in den letzten Jahren an Bedeutung gewonnen hat.

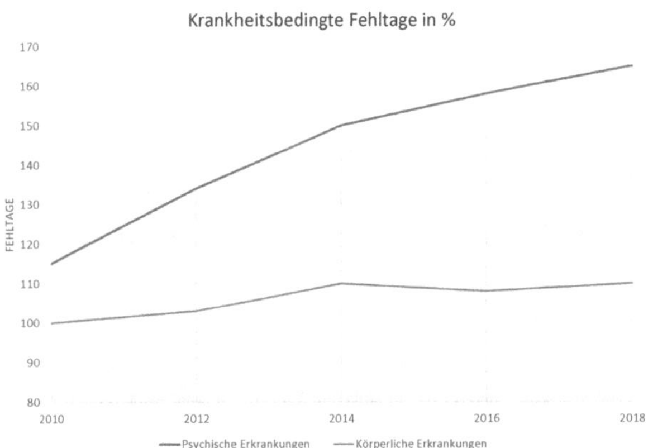

Abb. 17: Fehltage

Wie bereits beschrieben, zeigt die Abbildung die Fehlzeitenentwicklung nach Krankheitsarten und lässt deutlich erkennen, dass die Fehltage aufgrund psychischer Erkrankungen seit 2010 gestiegen sind, und zwar insgesamt um 67 Prozent.

»Gesunde Führung« ist in diesem Zusammenhang deswegen so gefragt, weil ergänzend zu den oben genannten Statistiken in den letzten zehn Jahren wegweisende Studien nachgewiesen haben, dass der gesundheitsfördernde Führungsstil signifikant dazu beiträgt, die Gesundheit von Mitarbeiter*innen zu stärken und psychische Belastungsreaktionen zu reduzieren.

Die Resulead-Studie »Rewarding and Sustainable Health Promoting Leadership« von Rigotti et al. (2014), herausgegeben von der Bundesanstalt für Arbeitsschutz und Arbeitsmedizin (BAuA), hat in puncto »Gesunde Führung« folgende Ergebnisse herausgearbeitet:

- Ein gesundheitsförderlicher Führungsstil hat lang anhaltende positive Effekte auf das Engagement und die psychische Gesundheit von Mitarbeiter*innen.
- Der Zusammenhang zwischen Führungsstil und psychischer Belastung konnte eindeutig nachgewiesen werden.
- Führungskräfte der unteren Hierarchieebene, wie zum Beispiel Teamleiter*innen, haben großen Einfluss auf ein positives Teamklima (soziale Gesundheit).
- Führungskräfte der oberen Hierarchieebenen nehmen über die Arbeitsorganisation und die Gestaltung der Aufgabenstellungen Einfluss auf die Gesundheit der Mitarbeiter*innen (Aspekt der organisationalen Gesundheit).

Schlüsselfaktoren Gesunden Führens

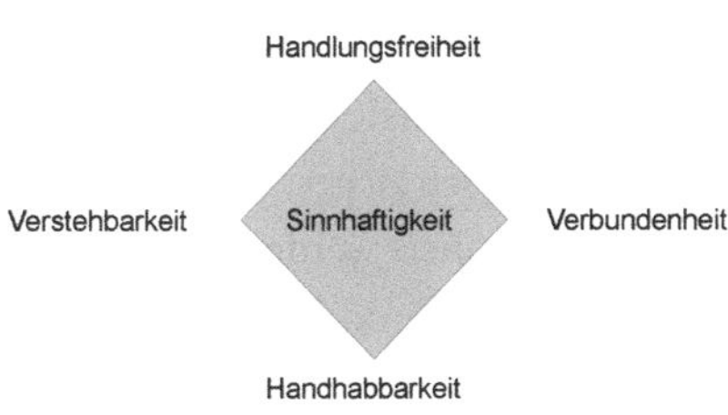

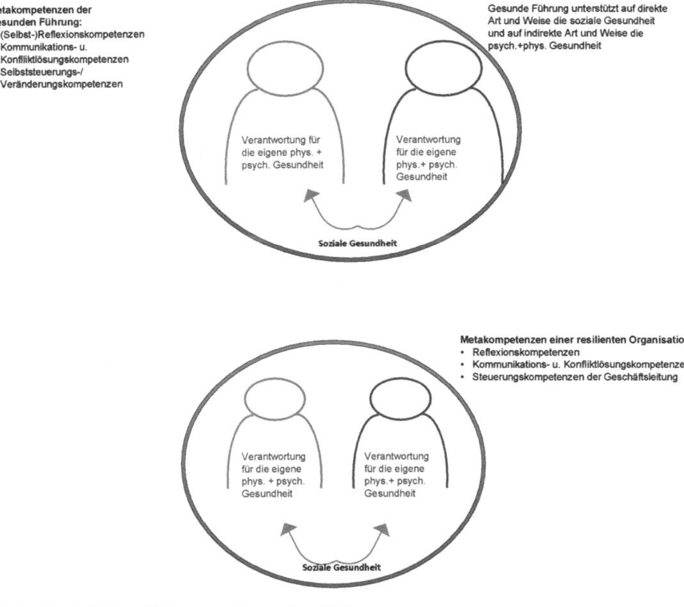

Abb. 18: Schlüsselfaktoren Gesunden Führens

2016 hat die BAuA unter der Verantwortung von Montano, Reeske-Behrens und Franke eine weitere Studie durchgeführt, die sich mit Aspekten von psychischer Gesundheit in der Arbeitswelt befasste. In dieser Studie konnten konkrete Aussagen zu gesundheitsförderndem Führungsverhalten formuliert werden:

- Wertschätzung und Rücksichtnahme von Führungskräften sowie Aspekte von Beteiligung von Mitarbeiter*innen tragen zur psychischen Gesundheit bei.
- Die Gestaltung und Förderung von Kooperation trägt zur psychischen Gesundheit von Mitarbeiter*innen bei.
- Feedback trägt zur psychischen Gesundheit von Mitarbeiter*innen bei.

Demnach subsumieren sich unter dem Begriff »Gesunde Führung« Verhaltensweisen von Führungskräften, die auch als kooperierend, wertschätzend und Feedback gebend bezeichnet werden. In der Managementliteratur wird dieser Ansatz seit Jahren als *transformationaler bzw. kooperativ-mitarbeiterorientierter Führungsstil* bezeichnet. In Anlehnung an den Ansatz der Salutogenese und das Konzept der Kohärenz von Aaron Antonovsky habe ich ein Modell des gesunden Führens erarbeitet, das sich auf die Grundlagen der Salutogenese bezieht (siehe Abbildung 18).

Das Modell der Kohärenz beschreibt allgemeine Faktoren, die zur Gesunderhaltung im Leben eines Menschen beitragen:

- *Verstehbarkeit:* Dieser Aspekt ist Bestandteil des Kohärenzmodells von Antonovsky und meint zunächst das

Gefühl, die Welt um sich herum und das, was tagtäglich geschieht, zu verstehen, Erklärungsmodelle für Erlebnisse und Ereignisse zu besitzen und sie in einen größeren Zusammenhang einordnen zu können und daraus die Sicherheit zu schöpfen, dass das Leben Kontinuität besitzt und einigermaßen berechenbar ist. Bezogen auf den Arbeitsplatz ist damit gemeint, das unmittelbare Umfeld, bestehend aus Arbeitsanweisungen, Arbeitsaufgaben und Prozessketten sowie weitere Rahmenbedingungen und -bezüge kognitiv und emotional zu verstehen und für sich selbst stimmig einordnen zu können. Verstehbarkeit am Arbeitsplatz entsteht, wenn Führungskräfte klar und transparent kommunizieren, wenn Hintergrundinformationen weitergeleitet werden und der übergeordnete Zusammenhang eines Produkts oder einer Produktion verdeutlicht wird.

- *Handhabbarkeit:* Dieser Aspekt ist ebenfalls Bestandteil des Kohärenzmodells nach Antonovsky und meint das Vertrauen darauf, alles, was einem im Leben begegnet, auch Krisen und Katastrophen, bewältigen zu können. Dieses Selbstvertrauen beruht zum Teil auf der Erfahrung, in der Vergangenheit schon schwierige Situationen bewältigt zu haben und dass auch anschließend wieder bessere Zeiten kommen werden. Bezogen auf den Arbeitsplatz ist damit gemeint, Arbeitsmittel und Fähigkeiten nutzen zu können, um die täglichen Herausforderungen des eigenen Arbeitsplatzes bewältigen zu können und erfolgreich zu sein. Handhabbarkeit am Arbeitsplatz entsteht, wenn Führungskräfte darauf achten, dass ihre Anweisungen umsetzbar und leistbar sind und sie die Kompetenzen und Ressourcen ihrer Mitarbeiter*innen realistisch im Blick behalten.

- *Handlungsfreiheit:* Dieser Aspekt wurde in zahlreichen Untersuchungen als besonders relevant hervorgehoben, wenn es um den Zusammenhang mit hohen Anforderungen geht. Karasek (1979) hat als Erster mit dem Demand-Control-Modell bewiesen, dass hohe Anforderungen nur dann belastend sind, wenn gleichzeitig der Handlungsspielraum verkleinert wird. Immer dann, wenn Führungskräfte in einer angemessenen und auf den*die Mitarbeiter*in individuell zugeschnittenen Art und Weise Handlungs- und Spielräume offenlassen, die autonom gestaltet werden können, geraten Mitarbeiter*innen weniger unter Stress.
- *Verbundenheit:* Auch dieser Aspekt hat im Rahmen zahlreicher Studien an Bedeutung gewonnen (dies zeigt unter anderem die Gallup-Studie zum Engagement Index zur Arbeitsplatzqualität[5]). Er stellt heraus, dass Mitarbeiter*innen, die sich mit ihrem Team, ihrem Arbeitsbereich oder ihrer Organisation verbunden fühlen, motivierter arbeiten und psychisch gesünder sind. Verbundenheit entsteht auch, wenn Personen in ihrem Arbeitsumfeld soziale Unterstützung durch Kolleg*innen oder Führungskräfte erfahren.

---

5 https://www.gallup.com/de/engagement-index-deutschland.aspx.

- *Sinnhaftigkeit:* Dieser Aspekt ist ebenfalls Bestandteil des Kohärenzmodells nach Antonovsky und meint die Überzeugung, dass das eigene Leben einen Sinn, einen Wert hat, der Offenheit und Anteilnahme ermöglicht, Gemeinschaftsgefühle mit anderen Menschen, Interesse an Dingen, die Voraussetzung dafür sind, sich Ziele setzen zu können, die man gerne erreichen möchte. Diese Überzeugung gründet sich auf dem Gefühl, selbst Teil von etwas zu sein, das größer ist als man selbst und das einem Halt und Sicherheit gibt, beispielsweise religiöse oder spirituelle Vorstellungen, aber auch eine bestimmte Ethik, Moral, Einstellung und so weiter.
  Bezogen auf den Arbeitsplatz entsteht Sinnhaftigkeit bzw. Sinnerleben, wenn die Schlüsselfaktoren Verstehbarkeit, Handhabbarkeit, Handlungsfreiheit und Verbundenheit gewährleistet sind. Sinnhaftigkeit ist systemisch gesehen immer etwas, das individuell und rein subjektiv entsteht und nicht von außen vorgegeben werden kann.

Das Kohärenzmodell der Salutogenese geht davon aus, dass die Faktoren Sinnhaftigkeit, Verstehbarkeit und Handhabbarkeit wie Katalysatoren wirken und sehr vielfältige psychische Gesunderhaltungsprozesse in Gang setzen. Ähnlich wirken auch die Schlüsselfaktoren gesunden Führens. Eine Führungskraft, die durch ihr Verhalten die Wahrscheinlichkeit erhöht, dass Mitarbeiter*innen dieses Verhalten als verstehbar, handhabbar, handlungsfrei und verbunden interpretieren, bewirkt dann sekundär auch das Sinnerleben. Ich möchte an dieser Stelle einen systemischen Ansatz »Gesunder Führung« vorschlagen und infolgedessen betonen, dass es letztendlich immer die geführte Person selbst ist, die gesunderhaltend reagiert. Systemisch gesehen ist das auch gar nicht anders möglich, wenn psychische Systeme von sozialen Systemen getrennt autonom existieren. Eine bestimmte Person kann rein theoretisch nicht gesunderhaltend auf gesunde Führung reagieren, zum Beispiel wenn sie derart psychisch erkrankt ist, dass ihr psychisches System die Impulse des gesunden Führungsverhaltens nicht mehr aufnehmen kann. Es sollte uns immer bewusst sein, dass Menschen in der Interaktion keine trivialen Maschinen sind, die kausal aufeinander reagieren, sondern komplexe psychische Systeme, die nur sehr bedingt steuerbar sind.

Es bleibt festzuhalten, und das zeigt auch die langjährige Beratungs- und Führungserfahrung, dass folgendes gesundes Führungsverhalten die Wahrscheinlichkeit drastisch erhöht, dass Mitarbeiter*innen gesund reagieren:

- Transparent und beteiligend kommunizieren, insbesondere in Bezug auf Ziele und bevorstehende Ereignisse.
- Wertschätzend, Ressourcen und Feedback gebend im Austausch bleibend.
- Im Team bzw. Arbeitsbereich für soziale Unterstützung und konstruktive Konfliktklärungsprozesse sorgen.
- Sich bei der Aufgabenverteilung an konkreten und realistischen Kompetenzen der Mitarbeiter*innen orientieren (Balance fördern und fordern vs. Überforderung und Unterforderung).

- Je nach Person angemessene Handlungsspielräume organisieren.
- Sich selbst gesund führen und organisieren. Um dies zu gewährleisten, sollten auch Führungskräfte sich selbst, ihre Fähigkeiten und Grenzen regelmäßig reflektieren.
- Gesundheits- bzw. Belastungsthemen regelmäßig in Mitarbeiter*innen-Gesprächen thematisieren und im Rahmen dieser Gespräche das Zusammenspiel zwischen persönlicher und betrieblicher Verantwortung für gelingende Gesunderhaltungsprozesse ansprechen (▶ geteilte Verantwortung).

In den letzten beiden Punkten unterscheidet sich das »Gesunde Führen« vom kooperativ-mitarbeiterorientierten Führungsstil und beschreitet Neuland. Anders als bisher, fokussiert dieses neben dem Interagieren mit der Außenwelt auch das Interagieren mit dem eigenen Selbst. Systemisch gesehen hängen gesunde Führung und gesunde Selbstführung eng zusammen. Denn im Rahmen von Selbstführungsprozessen entwickeln Führungskräfte eine weitere wichtige Kompetenz, die angesichts der Herausforderungen der Zukunft wegweisend sein wird: die Metakompetenz »Reflexion« bzw. »Selbstreflexion«. Diese Metakompetenzen führen stärker als in Führungskonzepten zuvor zur Beobachtung zweiter Ordnung. Führungskräfte beobachten dadurch sich selbst in ihrem Denken, Fühlen und Handeln und können sich so, insbesondere im Verhältnis zwischen Rolle und Person, individuell weiterentwickeln. Die Metakompetenz

»(Selbst-)Reflexion« fördert die eigene Weiterentwicklung als Person und in der Rolle der Führungskraft und liefert gleichzeitig wertvolle Impulse für die Interaktion mit Mitarbeiter*innen, Kolleg*innen und Vorgesetzten. Wir finden hier die systemische Idee des gelingenden Miteinanders von psychischen und sozialen Systemen wieder. Die Metakompetenz »Kommunikation- und Konfliktlösungskompetenz« fördert die soziale Gesundheit, und die Metakompetenz »Selbststeuerungs-/Veränderungskompetenz« führt dazu, dass nach der Erkenntnis der oft konflikthafte Weg zum Veränderungsziel konstruktiv-lösungsorientiert gestaltet werden kann (siehe Abbildung 19).

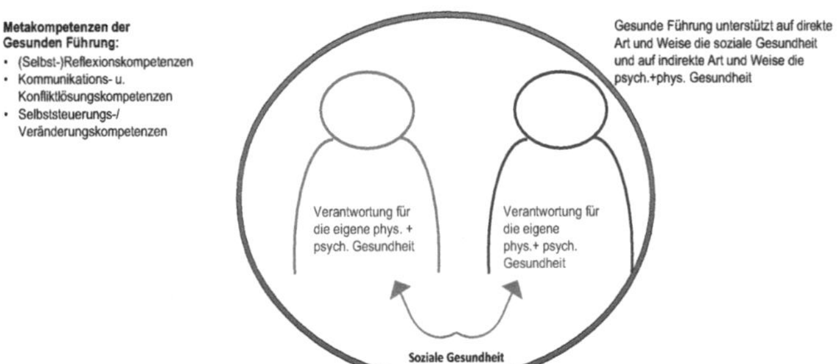

Abb. 19: Metakompetenzen der Gesunden Führung

Gesunde Führung wird somit für die Arbeitswelt der Zukunft, die stärker als früher ausgebildete Selbstkompetenzen verlangt, ein wichtiger Baustein sein.

Gesundheits- bzw. Belastungsthemen in Mitarbeiter*innen-Gesprächen zu thematisieren, ist für viele Führungskräfte noch neu und manchmal auch unangenehm. Auch hier unterscheidet sich »Gesunde Führung« von traditionellen Führungskonzepten: Sie spricht Themen der psychischen und physischen Gesundheit der Mitarbeiter*innen direkt an und bricht in manchen Organisationskulturen damit ein Tabu, denn jetzt wird die oft strikte Grenze zwischen Beruflichem und Privatem berührt. Formal-juristisch gesehen müssen Mitarbeiter*innen ihren Vorgesetzten auf Gesundheitsfragen auch nicht antworten, schließlich soll die Privatsphäre am Arbeitsplatz geschützt werden. Gleichzeitig wissen wir aus Erfahrung, dass Gesundungsprozesse nur dann gelingen, wenn erkrankte Mitarbeiter*innen auch im beruflichen Umfeld offen ansprechen, welche Rahmenbedingungen am Arbeitsplatz belastend sind. Und das geht einher damit, offen über Diagnosen und Krankheiten zu sprechen. In solchen Situationen, die beispielsweise in BEM-Gesprächen auftreten, können ohne einen offenen Austausch über Diagnosen oder persönliche Beschwerden keine tragfähigen Lösungen gefunden werden. Es gilt das Prinzip Freiwilligkeit. Unter Druck und ohne Vertrauen kann in Mitarbeiter*innen-Gesprächen kein konstruktives Miteinander entstehen. Ähnliches geschieht im Homeoffice oder wenn Mitarbeiter*innen zu Hause weiterarbeiten und eine Art Entgrenzung stattfindet, die oft gesundheitsschädlich ist.

Das eigene Führungshandeln zu reflektieren, zählt zu den wichtigsten Gesundheitskompetenzen für die Zukunft der Arbeitswelt.

Bleibt zu hoffen, dass die wichtigen Grenzsetzungen individuell neu gefunden werden können und die beteiligten Personen ein sensibles Gespür dafür mitbringen, wann eine individuelle Grenze überschritten wurde. Auch dies kann nur gelingen, wenn alle Beteiligten ausreichend kompetent in Bezug auf Selbst- und Metakompetenzen sind.

Gesundheit ist nur zum Teil Privatsache. Die gesund führende Führungskraft spricht Gesundheitsthemen proaktiv an.

In Krisensituationen gewinnt die »Gesunde Führung« hier eine besondere Bedeutung. Wenn zwischen Führungskraft und Mitarbeiter*in eine vertrauensvolle Arbeitsbeziehung besteht, können Probleme am Arbeitsplatz, die infolge von psychischen Belastungen, ausgelöst durch eine Krise, entstehen und im Dialog angesprochen werden dürfen, schneller gelöst werden.

Es ist oft schwierig, Gesundheitsthemen anzusprechen, wenn es im Mitarbeiter*innen-Gespräch gleichzeitig um Feedback zur Leistungsfähigkeit und um das Erreichen von Leistungszielen geht. Der nächste Abschnitt handelt daher von der wichtigen Balance zwischen Leistungs- und Gesundheitsförderung.

5.2 Praxisbeispiel: Als Führungskraft gesunde Impulse setzen

Es ist gar nicht so einfach, sich in der Hektik des Führungsalltags Zeit für Mitarbeiter*innen-Gespräche zu nehmen. Da liegt es nahe, wenn endlich ein Termin vereinbart werden konnte, möglichst viele Themen auf einmal durchzugehen. So nachvollziehbar diese Vorgehensweise zunächst erscheinen mag, einen Gesprächstermin für viele Themen zu nutzen – oft misslingt dadurch die Gestaltung einer ausgewogenen Balance zwischen der Leistungs- und Gesundheitsförderung von Mitarbeiter*innen.

Holger Hartmann leitet den Vertrieb eines Automobilzulieferers. Seit einiger Zeit beobachtet er, dass einer seiner leistungsstärksten Vertriebsmitarbeiter, Jens Müller, zunehmend nervös, gestresst und ungeduldig wirkt. Darüber hinaus wächst die Zahl seiner dokumentierten Überstunden. Er macht sich Sorgen um Jens und bittet um einen Gesprächstermin. Zunächst spricht er ihn direkt auf die vielen Überstunden an. Der Mitarbeiter bestätigt den Eindruck, dass er sich im Moment durch das gestiegene Arbeitsaufkommen überlastet fühlt. Er erwähnt in diesem Zusammenhang die komplizierte Zusammenarbeit mit einem speziellen Kunden. Daraufhin erwähnt Holger eher beiläufig, dass die Umsatzzahlen gerade bei diesem Kunden im Vergleich zum Vorjahr gesunken sind und er sich schon länger gefragt habe, woran das eigentlich liege. Jetzt macht Jens im Gespräch dicht. Auch nach intensivem Nachfragen gelingt es dem Vorgesetzten nicht mehr, den Gesprächsfaden zum Belastungsthema aufzunehmen.

Die meisten Menschen können sich für Belastungsthemen schlecht öffnen, wenn sie sich von ihrer Führungskraft gleichzeitig in Bezug auf ihre Leistungsfähigkeit bewertet fühlen. Oft entsteht dann bei Mitarbeiter*innen die Befürchtung, sie könnten dafür bestraft werden, wenn sie sich outen, nicht permanent zu 100 Prozent leistungsstark sind.

Daher empfiehlt es sich in den meisten Fällen, Themen im Mitarbeiter*innen-Gespräch zu Leistungsfähigkeit und Gesundheit rhetorisch oder faktisch zu trennen. In der Praxis bedeutet dies, ein Mitarbeiter*innen-Gespräch entweder in zwei Teile zu teilen oder zwei verschiedene Gesprächstermine zu vereinbaren.

Ich möchte Ihnen anhand eines Praxisbeispiels zeigen, wie Führungskräfte Gesundheitsthemen in Fürsorgegesprächen oder im Rahmen von Mitarbeiter*innen-Gesprächen ansprechen können. Es soll vor allem deutlich werden, inwiefern Führungskräfte in diesen Gesprächen mittels Kompetenzen des Gesundheitscoachings die Gesunderhaltung am Arbeitsplatz unterstützen können. Die Prozessstruktur für Gesundheitscoaching und Gesundheitsgespräche soll für ein Fürsorgegespräch ebenfalls als Grundlage dienen (siehe Abbildung 20).

Abb. 20: Prozessstruktur Gesundheitscoaching und Gesundheitsgespräche

Im folgenden Praxisbeispiel führt Holger Hartmann ein *Fürsorgegespräch* mit seinem Mitarbeiter Jens Müller.

Phase 1: Anliegen

»Hallo, Jens, schön, dass du dir Zeit genommen hast. Ich hatte dich ja letzte Woche angesprochen, ob wir beide noch mal auf die Situation bei einigen Kunden schauen können.«

»Ja, gerne, Holger, wobei ich nicht ganz verstehe, was es da noch zu besprechen gibt, wir sind doch letzte Woche schon alles durchgegangen.«

»Das stimmt, aber einige Aspekte möchte ich doch noch ansprechen. Mir ist im Nachhinein unseres Gesprächs noch mal deutlich geworden, dass du den Kunden Simplex ja schon sehr lange sehr erfolgreich betreust. Gerade weil dieser Kunde in letzter Zeit so herausfordernd ist, möchte ich das an dieser Stelle noch mal betonen.«

»Oh, danke ... Es stimmt, in den letzten Monaten war die Zusammenarbeit mit Simplex anstrengender als je zuvor.«

»Genau diesen Aspekt wollte ich noch mal mit dir besprechen, Jens. Du weißt, du gehörst im Vertrieb zu meinen besten Leuten. In letzter Zeit ist mir jedoch aufgefallen, dass du viele Überstunden machst, weit mehr als früher. Mein Eindruck war, dass du häufiger als früher gestresst wirkst, manchmal auch nervös und ungeduldig. Wie siehst du das?«

Holger ist ressourcenorientiert vorgegangen. Er hat zunächst die Stärken seines Mitarbeiters herausgestellt. Dann hat er sein Anliegen formuliert, die aus seiner Sicht wahrnehmbare Belastung von Jens anzusprechen. Jens hat noch kein Anliegen für dieses Gespräch formuliert.

»Ich gestresst? Hmh, find ich jetzt nicht so ...«

»Ob du gestresst bist, kann ich gar nicht beurteilen, manchmal wirkt es so von außen auf mich. Daher wollte ich dich fragen, wie es dir stressmäßig mit Simplex im Moment geht.«

»Doch, schon. Ich denke, ich bin gestresster als noch vor einem halben Jahr. Bei Simplex wurde umstrukturiert, und einige meiner Ansprechpartner sind nicht mehr da. Die mühsam aufgebauten Netzwerke sind weg, und es war und ist einfach mühsam, jetzt wieder alles von vorne auszubauen. Dazu kommt leider noch Stress bei uns zu Hause. Es ist mir gar nicht so aufgefallen, aber wo du das jetzt ansprichst, im Moment ist vieles bei mir stressig.«

»Ja, mir ist auf jeden Fall aufgefallen, dass irgendetwas nicht ganz rund läuft. Und wo du das jetzt selbst ansprichst, dass du auch zu Hause Stress hast, kann ich sehr gut nachvollziehen, wie anstrengend dann auch noch ein komplizierter Kunde mitten im Umbruch ist.«

Holger zeigt Verständnis für die Situation seines Mitarbeiters. Indirekt signalisiert er, dass es okay ist, auch mal Stress zu haben.

»Kann ich dich denn irgendwie unterstützen? Brauchst du irgendwas, um da gut durchzukommen?«

»Dass bei uns zu Hause gerade Stress ist, da kannst du nichts machen. Mein Kleiner hat Probleme in der Schule, eventuell schafft er die vierte Klasse nicht. Und meine Frau muss nebenbei ihre Mutter mitversorgen, die nach einem Verkehrsunfall bewegungsmäßig stark eingeschränkt ist. Mein Schwiegervater ist ja schon lange wegen seiner Herzerkrankung nicht mehr belastbar. Das wirkt sich eben auch auf unser Familienleben aus.«

»Das ist ja wirklich viel! Tut mir leid, das zu hören. Du hast recht, da kann ich wirklich nicht viel machen. Allerdings haben wir ja eine Sozialberatung im Haus. Wegen der Pflege deiner Schwiegereltern kannst du dich, oder auch deine Frau, ihr könnt euch jederzeit kostenlos von denen beraten lassen, was ihr an zusätzlicher Hilfe in Anspruch nehmen könnt. Oder auch einfach nur, um sich mal was von der Seele zu reden. Diese sogenannte Mitarbeiterberatung ist für dich und deine Familie kostenlos, das übernimmt die Firma. Du kannst dich jederzeit dort melden.«

»Stimmt, das hatte ich ganz vergessen. Die haben sich ja mal letztes Jahr bei der Betriebsversammlung vorgestellt. Klang ganz gut. Vielleicht sollte Diana da wirklich mal hingehen. Ich glaube, das würde ihr guttun. Danke auf jeden Fall schon mal für den Tipp.«

Im Verlauf des Gesprächs hat auch Jens jetzt ein Anliegen formuliert. Er will sich bei der Mitarbeiterberatung Unterstützung in der momentanen familiären Krisensituation holen.

Phase 2: Auftrag

»Gerne, aber kommen wir doch noch mal zurück zu Simplex und dem Stress bei der Arbeit. Kannst du mir noch mal etwas genauer beschreiben, was dich da belastet oder stresst?«

»Mich stresst, dass ich keinen Ansprechpartner habe und nach jahrelanger mühevoller Arbeit dort auf der Stelle trete.

Ich glaube, ich bin im Moment auch etwas dünnhäutiger als sonst, das macht es nicht gerade einfacher.«

»Verstehe, du musst noch mal ganz von vorne anfangen, und aus genannten Gründen bringst du nicht die Ruhe und Geduld auf, die für dich eigentlich als erfahrener Vertriebler typisch sind, stimmt das?«

»Ja, das stimmt leider so. Ich bin mit mir selbst total unzufrieden, weil mir momentan einfach die Gelassenheit fehlt.«

»Okay, wie kann ich dich da unterstützen?«

In dieser Gesprächsphase erarbeitet Holger einen Auftrag. Er agiert eher als Coach denn als Chef. Die Fokussierung auf Unterstützungsaspekte markiert deutlich, dass Holger ein Fürsorgegespräch und kein Mitarbeitergespräch führt. Er verzichtet zunächst auf Ratschläge und Bewertungen der momentan eingeschränkten Leistungsfähigkeit von Jens.

»Gute Frage ... Darüber habe ich noch nicht nachgedacht. Du unterstützt mich auf jeden Fall schon mal dadurch, dass ich das hier so offen ansprechen darf. Wenn ich mal über die Simplex-Situation nachdenke, weiß ich eigentlich, was ich zu tun habe: mir Zeit nehmen, um bestimmte Leute anzurufen oder zu besuchen. In Ruhe die neuen Personen überzeugen, so als wäre Simplex ein neuer Kunde. Und in dem Moment, in dem ich jetzt drüber spreche, merke ich, dass ich anders mit meinem momentanen Stress umgehen muss. Die Simplex-Situation an sich ist gar nicht so schwierig. Es ist das ganze Drumherum.«

»Sehr gut, das ist doch schon mal eine gute Erkenntnis und vielleicht auch der erste Schritt zu einer Verbesserung deiner Situation. Was brauchst du denn, um dich etwas zu entstressen?«

Holger bleibt in seiner Coachrolle, auch hier macht er keine Vorschläge, sondern wartet ab, was Jens selbst vorschlägt. Er achtet darauf, dass der Mitarbeiter für seine Situation selbst Verantwortung übernimmt, indem er ihm die Möglichkeit gibt, individuelle Lösungen zu finden.

»Du kannst Fragen stellen *(er lacht)*. Eine Woche Urlaub? Obwohl, bei dem Stress, den wir gerade zu Hause haben, bringt das wahrscheinlich gar nichts.«

»Dann habe ich eine Idee: Wir haben in unserer Weiterbildungsakademie einige E-Learning-Tools, unter anderem zu Stressbewältigung. Was hältst du davon, wenn du dir so eine Schulung mal anhörst bzw. dich dort anmeldest? Du kannst das während der Arbeitszeit machen. Was denkst du?«

»Super Idee, das probiere ich gerne mal aus. Und danke auch für dein Entgegenkommen, das während der Arbeitszeit zu tun.«

»Ich sehe es so: Mit Stress besser umzugehen kann man lernen. Und davon profitiert ja auch unser Unternehmen. Den Stress zu Hause müsst ihr natürlich allein bewältigen, aber vielleicht bringt eine Schulung auch was für die Stressbewältigung zu Hause. Was Simplex angeht, habe ich jetzt den Eindruck, das kannst du eigentlich allein klären, oder?«

»Ja, ich denke schon. Wie gesagt, wenn ich etwas ruhiger bin, dürfte das kein Problem sein.«

»Ich habe trotzdem eine Idee: Wie wäre es, weil ja im Moment noch die Stressphase da ist, dass wir uns einmal die Woche kurz zusammensetzen und du mit mir gemeinsam reflektieren kannst, wie du bei Simplex vorankommst? Das meine ich jetzt nicht im Sinne einer Kontrollfunktion, sondern als zusätzliche Unterstützung, um nach dem Vieraugenprinzip die komplizierte Lage gemeinsam zu überdenken?«

»Ja, das klingt gut. Ich bin jetzt wirklich überrascht, was bei diesem Gespräch herausgekommen ist, und ich bin tatsächlich dankbar, Holger, dass du mich angesprochen hast.«

»Gerne, Jens, es ist mir ein wichtiges Anliegen, dass du und auch die anderen Mitarbeiter trotz Belastungen, die ja immer auftreten können, gesund und motiviert bleiben.«

Der Auftrag zur Entlastung von Jens ist jetzt konkret formuliert: Er wird eine Schulung besuchen und Holger stellt sich als Sparringspartner für den schwierigen Kundenbetreuungsprozess zur Verfügung.

Die nun folgende *Vertiefungsphase* wird aus weiteren Gesprächen und Maßnahmen bestehen. Holgers Beitrag wird sein, die Hintergründe des schwierigen Kundenbetreuungsprozesses zu begleiten. Er hat angedeutet, dies aus einer kooperativ-coachenden Haltung heraus zu tun. Gleichzeitig wird Jens im Rahmen der Schulung zur Stressbewältigung die Hintergründe seiner Stressreaktionsmuster vertiefen. Am Ende dieses Bewältigungsprozesses steht dann eine *Lösungsphase.* Holger als Führungskraft kann im Rahmen eines weiteren Fürsorgegesprächs mit seinem Mitarbeiter reflektieren, wie es ihm selbst und wie es ihnen gemeinsam gelungen ist, adäquate Lösungen für die Bewältigung der Belastungen zu finden. Holger als Führungskraft-Gesundheitscoach kann, wie oben beschrieben, systemisch-lösungsorientierte Gesprächstechniken nutzen, um die Eigenverantwortung und auch die Resilienz seines Mitarbeiters zu fördern. Somit ist dann auf indirektem Wege (über den Weg der Gesunderhaltung) auch die Leistungsfähigkeit von Jens wieder gewährleistet. Im Hinblick auf die oben beschriebenen Schlüsselfaktoren gesunder Führung ist im Rahmen der Fürsorge-/Gesundheitsgespräche Folgendes gelungen:

- Die *Handhabbarkeit* wurde gewährleistet, indem konkrete Maßnahmen zur Gesunderhaltung vereinbart wurden.
- Die *Handlungsfreiheit* wurde gewährleistet, indem Holger Jens ermutigt hat, eigene Lösungen für seine Belastungsprobleme zu finden.
- Die *Verstehbarkeit* ist gewährleistet, weil Holger sich viel Zeit genommen hat, die Ursachen und Hintergründe des Problems zu verstehen, und gleichzeitig auch seine eigene Grundhaltung erklärt hat und so wiederum für Jens in seinem Handeln verstehbar wurde. Darüber hinaus wird dieser die Problemhintergründe seiner Stressreaktion verstehen (indem er einen Stressbewältigungskurs besucht), und beide, Jens und Holger, werden sich Zeit nehmen, die Problemhintergründe beim Kunden Simplex zu verstehen.

- Die *Verbundenheit* ist gewährleistet, weil Holger als Führungskraft deutlich signalisiert hat, mit ihm im Kontakt bleiben zu wollen, und ihn nicht mit der Lösung seines Problems alleingelassen hat. Die soziale Unterstützung, die Holger als Führungskraft seinem Mitarbeiter anbietet, stärkt das subjektive Gefühl von Jens, mit seiner Führungskraft und indirekt auch mit dem eigenen Unternehmen verbunden zu sein.
- Letztendlich ist dadurch übergreifend die *Sinnhaftigkeit* für beide gewährleistet. Ob sie dieses Gespräch und die daraus folgenden Maßnahmen als sinnvoll erachten, spürt man oft atmosphärisch im Gespräch. Wenn Menschen etwas als sinnvoll erleben, sind sie auch körperlich spürbar erleichtert und entspannt. Manche sagen dann: »Mir fällt ein Stein vom Herzen«, weil sie erleichtert sind, oder wie Jens im Beispiel oben bemerkt: »Ich bin dankbar, dass du mich angesprochen hast.«

5.3 Praxisbeispiel: Die Führungskraft als Gesundheitsteamcoach

Auch ein Team möchte gesundheitsgerecht arbeiten. Die beschriebene Balance zwischen Gesundheit und Leistung spielt in der Kooperation einer Gruppe, eines Teams oder einer ganzen Abteilung eine große Rolle. Die Führungskraft kann in Form von Teamgesprächen Gesundheits- und Belastungsaspekte, die im sozialen System Team auftreten, ansprechen, analysieren und lösen. Ergänzend zum Fürsorgegespräch mit einzelnen Mitarbeiter*innen, greift das Team-Gesundheitsgespräch nicht die individuellen *Belastungsthemen, sondern die Belastungsthemen in der Zusammenarbeit* auf.

In einem Krankenhaus hat ein Oberarztwechsel stattgefunden. Das Stationsteam hat schon vorher an der Grenze zur Belastbarkeit gearbeitet. Der Führungswechsel führt zu Unklarheiten in der Aufgabenverteilung und zu schlechter Stimmung im Team, weil der Führungsstil des neuen Oberarztes ein ganz anderer ist als der der ehemaligen, sehr beliebten Oberärztin. Als immer mehr Pflegekräfte krankheitsbedingt ausfallen und die Stationsleitung feststellt, dass die gesamte Station kurz vor dem Kollaps steht, weil Schichten nicht mehr belegt werden können, greift der Chefarzt ein und bittet den leitenden Oberarzt zum Gespräch. Gemeinsam mit der Pflegedienstleitung wird ein Vorgehen besprochen, in dem der Oberarzt gemeinsam mit der Stationsleitung mehrere Teamgespräche führt. Ziel soll sein, die Belastungssituation zu analysieren und gemeinsame Lösungen zu finden, die weniger Belastung und mehr Gesundheit und Leistungsfähigkeit aller Mitarbeiter*innen gewährleisten.

Wie auch im Einzelgespräch bietet sich ein systemisch-lösungsorientiertes Vorgehen an. Vielleicht erinnern Sie sich an die Arbeit mit dem Energiefass aus dem zweiten Kapitel. Diese Vorgehensweise eignet sich auch für ein Gesundheitsgespräch im Team. Im Folgenden möchte ich die Moderationsstruktur vorstellen, die sich an der Gesprächsstruktur für Gesundheitsgespräche und Gesundheitscoaching orientiert:

Phase 1: Anliegen

Entweder die Führungskraft oder einzelne Mitarbeiter*innen, manchmal auch das gesamte Team, äußern ihre Unzufriedenheit. Die Führungskraft greift das Anliegen auf und lädt alle Beteiligten zu einer gemeinsamen Teambesprechung ein. Entweder moderiert die Führungskraft diese Sitzung selbst oder sie engagiert eine*n neutralen Moderator*in, der*die im Umgang mit Gesundheitsthemen erfahren ist.

Der Oberarzt hat gemeinsam mit der Stationsleiterin einen Moderator bestellt, der einen Teamprozess mit mehreren Sitzungsterminen leiten soll. Ziel ist es, gemeinsam mit dem multiprofessionellen Team Maßnahmen zur Entlastung zu erarbeiten. Der Moderator hat in einem ersten Gespräch mit dem Oberarzt und der Stationsleiterin die Ziele der bevorstehenden Sitzungen erarbeitet. Beiden ist es wichtig, alle im Team zu beteiligen, um die Arbeitsmotivation aufrechtzuerhalten und weitere Krankmeldungen zu vermeiden. Sie befürchten, dass die Arbeitsfähigkeit der Station bedroht ist, sollte das Belastungsniveau weiterhin auf einem hohen Level bleiben.

Phase 2: Auftrag

Zu Beginn der Teamsitzung werden Erwartungen, Hoffnungen und Befürchtungen bezüglich des bevorstehenden

Gesprächs erarbeitet (zum Beispiel mit Moderationskarten). Moderiert die Führungskraft selbst, empfiehlt es sich, in diesem Teil des Teamgesprächs auf Bewertungen der Erwartungen der Teammitglieder neutral zu bleiben. Kommentare wie »Das sehe ich auch so« oder »Aber das stimmt doch gar nicht, weil …« passen nicht zur Moderationsrolle, dürfen aber zu einem späteren Zeitpunkt genannt werden. Verbleibt die Führungskraft stattdessen in dieser Phase der Sitzung in einer neutral-coachenden Haltung, kann eine Gesprächsatmosphäre entstehen, die von Offenheit und Vertrauen geprägt ist. So erhöht man die Wahrscheinlichkeit, dass sich die Mitarbeiter*innen am Lösungsprozess beteiligen. Und Beteiligung wiederum gehört zu den bedeutendsten Gesundheitsfaktoren, die wir im Betrieblichen Gesundheitsmanagement kennen.

Der Moderator erarbeitet zunächst mithilfe einer anonymen Kartenabfrage Erwartungen und Befürchtungen des Teams. Jeder nimmt sich zunächst einen kurzen Moment für sich, um eigene Eindrücke und Meinungen stichpunktartig auf Moderationskarten zu schreiben. Als alle Karten an der Moderationswand gesammelt und geclustert sind, geht der Moderator die einzelnen Themen mit der Gruppe durch. Es stellt sich heraus, dass viele Mitarbeiter*innen befürchten, dass der Workshop keine wirklichen Ergebnisse hervorbringt und nachher alles so bleibt wie bisher. Andere wiederum hoffen, der Workshop würde endlich zutage bringen, was lange ungesagt blieb, zum Beispiel, dass Ärzt*innen- und Pflegeteam sich zu wenig absprechen und einander wenig vertrauen.

Phase 3: Vertiefung

Nun können sowohl Belastungsfaktoren als auch Bewältigungsressourcen und -kompetenzen gemeinsam gesammelt werden. Dieser analytische Teil der »Belastungsanalyse« schafft für alle Beteiligten ein Verständnis für die gesundheitsgefährdende Ausgangssituation. Es ist nicht notwendig, dass alle einer Meinung sind. Im Gegenteil: Gerne können auch gegensätzliche Einschätzungen und Meinungen nebeneinander in friedlicher Koexistenz erarbeitet werden. Ich empfehle in dieser Arbeitsphase oft, mit dem Energiefass zu arbeiten. Das Bild von »Energieräubern» und »Energiespendern« und dem jeweiligen »Energielevel« schafft recht schnell eine Idee für Zusammenhänge und später auch Lösungsmöglichkeiten (siehe Abbildung 21).

Man kann in größeren Gruppen zunächst auch eine Phase der Kleingruppenarbeit vorschlagen. Manchmal ist es aber auch schöner für die Gruppe, wenn alle gemeinsam ihr »Team-Energiefass« erarbeiten, weil es sehr spannend sein kann, zu hören, was die Kolleg*innen und die Vorgesetzten zu einzelnen Belastungssituationen sagen. Ein Tipp: Fragen Sie die Gruppe, wie voll und wie leer ihr Team-Energiefass ist. Meistens entsteht eine spannende Diskussion über unterschiedliche Wahrnehmungen und Einschätzungen. Als Moderator*in ist es wichtig, die Einschätzungen nicht zu bewerten. In einer Atmosphäre der Akzeptanz unterschiedlicher Einschätzungen zum momentanen Gesundheits- bzw. Belastungslevel wachsen der Zusammenhalt und das Interesse an gemeinsamen Lösungen.

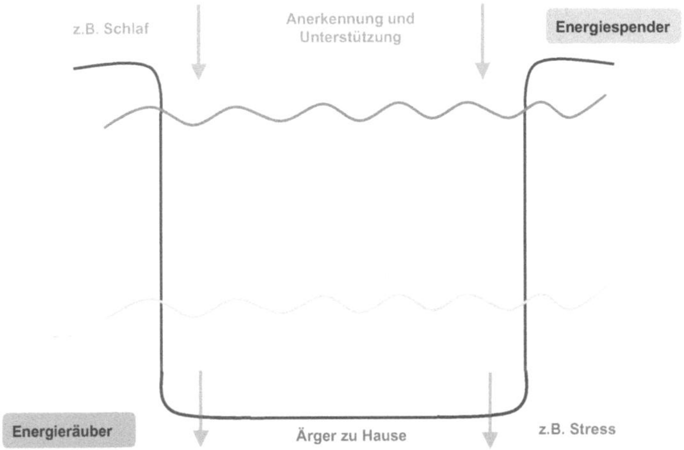

Abb. 21: Energieräuber und Energiespender

Die Arbeitsphase mit dem Energiefass verläuft konzentriert und intensiv. In gemischten Arbeitsgruppen, in denen Ärzt*innen, Therapeut*innen und Pflegepersonal gemeinsam diskutieren, entsteht eine neue konstruktive und vertrauensfördernde Atmosphäre. Am Ende dieser Arbeitsphase stellen alle fest, wie wohltuend und entlastend allein schon dieser intensive und konstruktive Austausch untereinander ist. Positiv überrascht sind viele über etliche Energiespender im Team, die in Zeiten von Überlastung nicht mehr genutzt wurden.

Phase 4: Lösungen

Ganz gleich, ob mit oder ohne Energiefass gearbeitet wurde, am Ende sollen Verbesserungsvorschläge erarbeitet werden, die von den Mitarbeiter*innen und der Führungskraft gemeinsam abgestimmt wurden. In der Rolle der moderierenden Führungskraft ist es nun wichtig, die Umsetzbarkeit zu überprüfen. Wenn mit dem Energiefass gearbeitet wurde, kann mit folgenden Fragen gearbeitet werden:

- In Bezug auf die Energieräuber: Was können wir beeinflussen?
- In Bezug auf die Energieräuber: Was können wir nicht beeinflussen?
- In Bezug auf das, was wir auf der Energieräuberseite nicht beeinflussen können: Was können wir mit Energiespendern ausgleichen?

Diese Vorgehensweise gewährleistet wichtige gesundheitsfördernde Aspekte der Zusammenarbeit mit Teams:

- Dadurch, dass alle gemeinsam an Lösungen arbeiten und die Meinung von allen gefragt ist, ist das Prinzip der *Partizipation* gewährleistet.
- Dadurch, dass nicht nur Belastungen thematisiert werden, sondern auch über Bewältigungsressourcen gesprochen wird, ist das Prinzip der *Ressourcenorientierung* gewährleistet.

Ich empfehle, die Ergebnisse des Teamgesprächs nach einer gewissen Zeit wieder aufzugreifen und mit allen Beteiligten zu besprechen, inwiefern die vereinbarten Maßnahmen hilfreich waren oder nicht. So entsteht ein gesundheitsförderlicher Verbesserungsprozess, der sich auch positiv auf die allgemeine Zusammenarbeit auswirkt.

In einigen Fällen entstehen Belastungen in der Zusammenarbeit, weil es ungelöste Konflikte zwischen Team und Führungskraft gibt. Dann empfehle ich, eine*n externe*n Moderator*in/Gesundheitscoach*in zu beauftragen, die*der das Teamgespräch moderiert. Im Vorfeld muss dann auch entschieden werden, ob Team und Führungskraft zunächst getrennt befragt werden oder ob das extern moderierte Teamgespräch sofort mit allen starten kann. Diese Entscheidung hängt vom Eskalationsgrad des Konfliktgeschehens ab.

Abschließend möchte ich Ihnen noch einige Beispiele für entlastende Maßnahmen vorstellen. Sie sollen nicht allgemeingültig verstanden werden, zeigen aber, wie individuell – und manchmal auch einfach – Lösungen aussehen können, die zu Entlastung in der Zusammenarbeit führen.

Beispiele für Lösungsmaßnahmen des multiprofessionellen Stationsteams:

»Bevor der Stress bei uns auf der Station losgeht, setzen wir uns morgens zehn Minuten zusammen, trinken gemeinsam Kaffee und erzählen uns, was wir am Wochenende gemacht haben.«

»Wir vereinbaren, dass ich Bescheid sage, dass ich es nicht mehr schaffe, bevor ich am Limit bin und sehr wütend werde.«

»Während der Übergabe geht niemand ans Telefon.«

»Wenn jemand Nein sagt, fragen wir nach den Gründen, akzeptieren aber, dass gerade eine Belastungsgrenze erreicht ist.«

Team-Gesundheits-Check

ZS CONSULT

Die Leistungsfähigkeit von Teams wird durch eine Vielzahl von Faktoren beeinflusst. Gesundheitsfördernde und belastungsreduzierende Verhaltensweisen und Maßnahmen spielen hier eine große Rolle. Der Team-Gesundheits-Check analysiert wichtige Einflussfaktoren für Gesundheit und Leistung in Ihrem Team. Es gibt erste Hinweise, wie Sie bei einer Überlastung gezielt gegensteuern können.

Bitte beantworten Sie die Fragen spontan (Zahl eintragen) ohne lange über die bestmögliche Antwort nachzudenken. Alle Fragen beziehen sich auf das Team, in dem Sie gerade als Mitarbeiter/-in oder Führungskraft arbeiten. Falls ein Fragenkomplex grundsätzlich nicht zu Ihrer Situation passt, lassen Sie ihn einfach aus. Die entsprechende Kategorie fehlt dann in der Endauswertung. Die Ergebnisse für die anderen Kategorien sind dadurch jedoch nicht beeinträchtigt.

Aufgabenverteilung

Inwiefern treffen die folgenden Aussagen auf Ihre momentane Situation im Team zu?

- In meinem Team weiß jeder genau was seine Aufgabe ist.
- Die Aufgabenverteilung im Team empfinde ich als gerecht.
- Die Aufgaben der Kollegen sind mir bekannt.

sehr oft – 5 Punkte, **oft** – 4 Punkte, **gelegentlich** – 3 Punkte, **selten** – 2 Punkte, **nie** – 1 Punkt **Summe**

Zuständigkeiten

Inwiefern beschreiben die folgenden Aussagen Ihre momentane Situation im Team?

- Jeder im Team weiß, wer für welche Aufgaben und Arbeitsbereiche zuständig ist.
- Die Zuständigkeiten für Aufgaben im Team wechseln selten.
- Zuständigkeiten und dazu passende Kompetenzen sind bei uns gut aufeinander abgestimmt.

sehr oft – 5 Punkte, **oft** – 4 Punkte, **gelegentlich** – 3 Punkte, **selten** – 2 Punkte, **nie** – 1 Punkt **Summe**

Arbeitsmittel

Inwiefern beschreiben folgende Aussagen den Umgang mit Arbeitsmitteln in Ihrem Team?

- Unsere Arbeitsmittel stehen uns jederzeit zur Verfügung.
- Werkzeuge, Methoden und Arbeitstechniken sind gut aufeinander abgestimmt.
- Unsere Arbeitsmittel befinden sich auf dem aktuellen Stand.

stimme voll zu – 5 Punkte, **stimme im Großen und Ganzen zu** – 4 Punkte, **bin unentschieden** – 3 Punkte, **stimme eher nicht zu** – 2 Punkte, **stimme überhaupt nicht zu** – 1 Punkt **Summe**

Arbeitsbelastung/Überstunden

Inwiefern beschreiben folgende Aussagen die momentane Arbeitsbelastung in Ihrem Team?

- Im Team werden regelmäßig Überstunden im Umfang von mehr als 4 Std. pro Mitarbeiter pro Woche geleistet.
- Die Fehlzeitenquote im Team ist so hoch, dass regelmäßig mehr als 4 Überstunden pro Woche pro Person geleistet werden müssen.
- Die Überlastungsphasen im Team sind wenig berechenbar. Keiner weiß, wie lange eine Überlastungsphase andauert.

stimme überhaupt nicht zu – 5 Punkte, **stimme eher nicht zu** – 4 Punkte, **bin unentschieden** – 3 Punkte, **stimme im Großen und Ganzen zu** – 2 Punkte, **stimme voll zu** – 1 Punkt **Summe**

Fehlzeiten

Inwiefern treffen die folgenden Aussagen zu?

- Im Team fehlen regelmäßig Kollegen mit einer Ausfallzeit von 30 Tagen und mehr.
- Im Team gibt es keine Vertretungsregelung.
- Fehlzeiten im Team werden meist durch Mehrarbeit von Kollegen, selten durch zusätzliches (Leih-) Personal ausgeglichen.

stimme überhaupt nicht zu – 5 Punkte, **stimme eher nicht zu** – 4 Punkte, **bin unentschieden** – 3 Punkte, **stimme im Großen und Ganzen zu** – 2 Punkte, **stimme voll zu** – 1 Punkt **Summe**

Konflikte

Inwiefern treffen die folgenden Aussagen zu?

- Konflikte im Team werden offen angesprochen.
- Konflikte im Team werden sachlich und konstruktiv gelöst.
- Unsere Führungskraft unterstützt uns bei der Lösung von Konflikten.

stimme voll zu – 5 Punkte, **stimme im Großen und Ganzen zu** – 4 Punkte, **bin unentschieden** – 3 Punkte, **stimme eher nicht zu** – 2 Punkte, **stimme überhaupt nicht zu** – 1 Punkt **Summe**

Feedback

Inwiefern beschreiben folgende Aussagen die Feedback-Kultur in Ihrem Team?

- Unsere Führungskraft führt regelmäßig Feedbackgespräche mit allen Mitarbeitern.
- Rückmeldungen unter Kollegen erfolgen konkret, sachbezogen und in einem angemessenen Gesprächsrahmen.
- Auch in schwierigen Situationen gehen wir wertschätzend miteinander um.

stimme voll zu – 5 Punkte, **stimme im Großen und Ganzen zu** – 4 Punkte, **bin unentschieden** – 3 Punkte, **stimme eher nicht zu** – 2 Punkte, **stimme überhaupt nicht zu** – 1 Punkt **Summe**

Soziale Unterstützung

Inwiefern beschreiben folgende Aussagen das Gefühl aller, sich gegenseitig zu unterstützen?

- Unsere Führungskraft unterstützt uns bei der Suche nach umsetzbaren Lösungen.
- Ich kann mich darauf verlassen, dass wir uns in Notsituationen gegenseitig unterstützen.
- Im Team gibt es mindestens einen Kollegen, eine Kollegin, mit der ich ein freundschaftliches Verhältnis pflege.

stimme voll zu – 5 Punkte, **stimme im Großen und Ganzen zu** – 4 Punkte, **bin unentschieden** – 3 Punkte, **stimme eher nicht zu** – 2 Punkte, **stimme überhaupt nicht zu** – 1 Punkt **Summe**

Team-Klima

Inwiefern beschreiben folgende Aussagen das Team-Klima Ihres Teams?

- Im Team herrscht eine offene und freundliche Arbeitsatmosphäre.
- Bei uns kommt jeder gerne zur Arbeit.
- Wir können Meinungsverschiedenheiten austragen, ohne dass das Team-Klima darunter langfristig leidet.

stimme voll zu – 5 Punkte, **stimme im Großen und Ganzen zu** – 4 Punkte, **bin unentschieden** – 3 Punkte, **stimme eher nicht zu** – 2 Punkte, **stimme überhaupt nicht zu** – 1 Punkt **Summe**

Motivation

Inwiefern beschreiben folgende Aussagen die Motivation im Team?

- In unserem Team lohnt es sich, Leistung zu zeigen.
- Wir können uns darauf verlassen, dass sich jeder im Team an die offenen und verdeckten Teamregeln hält.
- Alle Team-Mitglieder fühlen sich bei uns in ihrer persönlichen und/oder beruflichen Entwicklung gefördert.

stimme voll zu – 5 Punkte, **stimme im Großen und Ganzen zu** – 4 Punkte, **bin unentschieden** – 3 Punkte, **stimme eher nicht zu** – 2 Punkte, **stimme überhaupt nicht zu** – 1 Punkt **Summe**

Abb. 22: Team-Gesundheits-Check

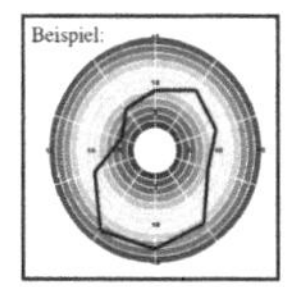

Auswertung

Zählen Sie für jede der 10 Antwortgruppen die Punkte zusammen. Pro Antwortgruppe ergibt sich ein Wert zwischen 3 und 15 Punkten. Tragen Sie den jeweiligen Punktwert in die Radargrafik ein und verbinden Sie die Punkte zu einer Form (s. Beispiel rechts).

Motivation

Motivierte Mitarbeiter haben Freude daran Leistung zu zeigen, weil sie wissen, dass sie persönlich aber auch das Team davon profitiert. In einem motivierten Team kann sich jeder auf die Einhaltung der geltenden Regeln verlassen und es gibt Werte der Zusammenarbeit, an die jeder sich gerne hält. Motivierte Mitarbeiter wissen, dass sie in ihrer beruflichen und manchmal auch in ihrer persönlichen Entwicklung gefördert werden.

Aufgabenverteilung

Eine transparente Aufgabenverteilung unterstützt jeden Einzelnen, sich auf sein Aufgabenfeld zu konzentrieren und dort Prioritäten zu setzen. Menschen brauchen klare Spielräume und Grenzen um ihre Einsatzbereitschaft zum Einsatz zu bringen. Unnötige Konflikte werden vermieden und jeder ist motiviert, seine Leistung zu erbringen.

Zuständigkeiten

Eindeutige Zuständigkeiten und eine klare Rollenverteilung vereinfachen Entscheidungswege und vermeiden ähnlich wie die Aufgabenverteilung unnötige Konflikte. Vor allem in Stresssituationen ist es hilfreich, sich sofort auf eigene Aufgaben konzentrieren zu können und zu wissen, mit wem man sich abstimmen kann. In Zeiten von Umstrukturierungen sind Zuständigkeiten oft über einen längeren Zeitraum unklar und verursachen Stress.

Teamklima

Ein gutes Team-Klima beinhaltet eine angenehme und offene Arbeitsatmosphäre. Bei einem guten Team-Klima kommen die Mitarbeiter morgens gerne zur Arbeit, empfinden oft Freude an der Arbeit miteinander und tragen Meinungsverschiedenheiten aus ohne dass die gute Atmosphäre ernsthaft bedroht wird. Es gibt wenig Gerüchte und auch in schlechten Zeiten weiß man, dass der Zusammenhalt hilft, diese Schwierigkeiten zu meistern.

Arbeitsmittel

Mitarbeiter-Befragungen ergeben oft, dass fehlende Arbeitsmittel ein großer Stressfaktor bei der Arbeit sind. Das betrifft sowohl Möbel als auch die EDV-Hard- und Software. Wer seine Arbeit unterbrechen muss, weil das Werkzeug fehlt, braucht mehr Energie als sonst, um zu guten Arbeitsergebnissen zu kommen. Über einen längeren Zeitraum betrachtet sinkt dann die Leistungsmotivation und die gefühlte Belastung steigt.

15 10 5 5 10 15

10 5 5 10

Arbeitsbelastung/Überstunden

Übersteigen die Anforderungen die Arbeitszeit müssen oft Überstunden geleistet werden. Wenn dann noch jemand im Team wegen Krankheit ausfällt und die anderen die Arbeit übernehmen müssen, steigt der Stresslevel im Team. Besonders belastend sind Phasen, in denen keiner abschätzen kann oder niemand verlässlich informiert wird, wie lange die Überlastungsphase insgesamt dauern wird.

Soziale Unterstützung

Das Gefühl, von Kollegen und Vorgesetzten bei Problemen unterstützt zu werden wirkt wie ein Stress-Schutz-Mantel. In Teams, in denen Hilfsbereitschaft und Offenheit als wertvolle Charaktereigenschaften gelten, entsteht weniger Stress, wenn die Arbeitsbelastung steigt.

Fehlzeiten

Fehlende Mitarbeiter sind aus mehreren Gründen für das Team belastend. Erstens, weil die Arbeitsbelastung für alle steigt und zweitens weil lange Fehlzeiten von Kollegen bei jedem Loyalitätskonflikte hervorrufen: einerseits will man sich hilfsbereit zeigen und andererseits möchte man die eigenen Belastungsgrenzen nicht aus dem Auge verlieren. Wenn die Gründe für die Fehlzeiten der Kollegen außerdem noch Raum für Spekulationen offen lassen (wenn jemand fehlt, weil er innerlich gekündigt hat oder einen unausgesprochenen Konflikt durch seine Abwesenheit austrägt), steigt die Stresswahrnehmung im Team.

Feedback

Ein offenes vertrauensvolles Teamklima, in dem jeder sich traut, positives und negatives Feedback sachlich und konstruktiv auszusprechen, senkt den Stresslevel und kann andere Belastungen wie zum Beispiel im Bereich der Arbeitsanforderungen unmittelbar ausgleichen. Teams, in denen die Führungskräfte kein oder nur negatives Feedback geben, reagieren deutlich belasteter als Teams, in denen eine professionelle und offene Feedback-Kultur gepflegt wird.

Konflikte

Zahlreiche Untersuchungen belegen, dass ungelöste Konflikte die Leistungsfähigkeit von Teams nachhaltig beeinträchtigen. Neuere Untersuchungen belegen eindrucksvoll, dass Konflikte, die nicht offen ausgetragen werden vor allem dann, wenn sie zwischen Mitarbeitern und Vorgesetzten stattfinden verstärkt zu Herz-Kreislauf-Erkrankungen führen.

Sie sehen nun bei jeder der 10 Kategorien, ob Ihr Ergebniswert in die grüne, in die gelb-beigefarbene oder in die rot-braune Zone fällt. Bei Themenkomplexen, deren Wert im rot-braunen Feld liegt, sind Sie möglicherweise zu stark belastet und sollten versuchen, etwas zu verändern. Kategorien, deren Wert im grünen Bereich liegt, bilden Ressourcen, die Ihnen helfen können, starke Anforderungen an anderer Stelle auszugleichen. Oft zeigt schon die Form, die sich aus den verbundenen Linien ergibt, wo die Probleme liegen - wenn etwa bei allen Fragenkomplexen zum Ausgleich Arbeit eine „Beule“ zur Mitte hin entstanden ist. Insgesamt gilt: Je mehr Werte in den rot-braunen Bereich fallen, desto wahrscheinlicher liegt bei Ihnen derzeit eine insgesamt belastende Situation vor.

Abb. 23: Auswertung Team-Gesundheits-Check

Ergänzend oder alternativ zur Arbeit mit dem Energiefass kann eine Führungskraft vor dem vereinbarten Teamgespräch auch einen Fragebogen einsetzen. Der Team-Gesundheits-Check gibt allen Personen im Team vorab die Möglichkeit, eine subjektive Selbsteinschätzung der Belastungssituation vorzunehmen (siehe Abbildungen 22 und 23).

Das hat den Vorteil, dass alle inhaltlich vorbereitet in das Teamgespräch gehen. Eventuell können die Ergebnisse sogar vorher ausgewertet werden und das Teamgespräch beginnt mit einer Präsentation des Gesamtergebnisses. Die Arbeit mit dem Team-Gesundheits-Check empfiehlt sich immer dann, wenn wenig Offenheit und Vertrauen da sind, sofort mit dem Austausch zu beginnen. Ebenfalls vorteilhaft ist die grafische Auswertung, die ähnlich wie das Energiefass ein ressourcenorientiertes Bild liefert. Beide Tools können sehr gut kombiniert werden. So kann im Vorfeld der Team-Gesundheits-Check bearbeitet werden, zu Beginn des Teamgesprächs wird das Gesamtergebnis präsentiert, und anschließend wird mithilfe des Energiefasses an Lösungen gearbeitet. Bei der Arbeit mit dem Team-Gesundheits-Check ist zu berücksichtigen, dass der Fragebogen möglicherweise nicht alle Gesundheitsthemen erfasst. Es bleibt wichtig, darauf hinzuweisen, dass die Themen und Fragen des Erhebungsbogens nur eine Auswahl darstellen und keinen Anspruch auf Vollständigkeit erheben.

Zusammenfassung

Führungskräfte, die in systemisch-lösungsorientierter Gesprächsführung geschult sind, unterstützen Mitarbeiter*innen in ihren individuellen Gesunderhaltungsprozessen am Arbeitsplatz, gewährleisten durch eine hohe Gesundheitsquote eine hohe Leistungsfähigkeit und fördern mit einiger Wahrscheinlichkeit auch eine hohe Mitarbeiterbindung im Unternehmen. In speziellen Gesundheitsworkshops können Führungskräfte im Rahmen eines Teamgesprächs Maßnahmen und Lösungen mit allen Beteiligten erarbeiten. Auch damit fördern Führungskräfte die Gesundheit und Leistungsfähigkeit in ihren Teams.

6 Pflicht und Kür zugleich: Gesundheitscoaching und die Verzahnung mit der Organisation

Bisher habe ich beschrieben, wie Gesundheitscoaching oder Gesundheitsgespräche im betrieblichen Rahmen die Gesunderhaltung von Mitarbeiter*innen und Führungskräften fördern. Idealerweise wird hier ein wichtiger Impuls gesetzt, stärker als bisher auf die persönliche Gesunderhaltung zu achten. Oder, wie im letzten Kapitel beschrieben, ein ganzes Team achtet gemeinsam auf die Gesunderhaltung in der Zusammenarbeit. Wir haben also bislang den innerpsychischen und sozialen Kontext berücksichtigt, wenn es um die Förderung der Gesundheit im organisationalen Kontext geht. Nun fehlt noch der Blick auf das soziale System der Organisation. Auch hier können Arbeitsprozesse, Arbeitsstrukturen und Kommunikationswege so gestaltet werden, dass sie die Gesundheit der Mitarbeiter*innen unterstützen. Dieser Aspekt soll noch erwähnt werden, um zu gewährleisten, dass gesundheitsförderliche Veränderungsprozesse wirksam und nachhaltig umgesetzt werden können. Ein Beispiel:

Sarah Meier fühlt sich schon seit Langem erschöpft und demotiviert. In ihrer Abteilung, der Sachbearbeitung einer Krankenkasse, fühlt sie sich schon seit einiger Zeit ausgenutzt. Während ihre Kolleginnen pünktlich Feierabend machen, sitzt sie oft eine bis zwei Stunden länger am Arbeitsplatz, um liegen gebliebene Anträge zu bearbeiten. Anders als ihren Teamkolleginnen fällt es Sarah sehr schwer, Nein zu sagen. Gemeinsam mit ihrem Gesundheitscoach erarbeitet sie hilfreiche Strategien, um sich in Zukunft besser abzugrenzen. Sie ist stolz, auch die zugrunde liegenden Muster erkannt zu haben, die bisher unbewusst dazu geführt haben, dass sie sich selten traut, mal einen Arbeitsauftrag abzulehnen.

Doch als sie ihre neuen Erkenntnisse im Team einbringt, bekommt sie von allen Seiten Ärger. Der Konflikt eskaliert, als ihr Teamleiter ihr zu verstehen gibt, dass er ihr Nein nicht akzeptiert. Er erwarte von ihr als neuer Mitarbeiterin, dass sie sich erst mal beweise, bevor sie »aufmucke«. Sarah merkt, dass in ihrer Abteilung eine bestimmte Kultur vorherrscht, die ein Neinsagen verhindert: »Die Altvorderen dürfen sich mehr herausnehmen als die Jungen, die sich noch die Sporen verdienen müssen«, so ungefähr lautet die informelle Maxime der Abteilung. Da nutzt ihr das Nein sagen wenig. Ihre neu erworbene Kompetenz kann sie in dieser Abteilung leider nicht einbringen.

Das Beispiel verdeutlicht, inwiefern Veränderungsprozesse von der gesamten Organisation mitgetragen werden müssen, um nachhaltig wirksam zu sein. Dass, wie im Beispiel oben beschrieben, in der Umsetzung des Gelernten

Konflikte mit dem Organisationskontext auftreten, ist üblich. Systemtheoretisch gesprochen: Es ist zu erwarten, dass an der Schnittstelle (siehe auch *strukturelle Kopplung*, Abschnitt 1.3) zwischen dem psychischen und dem sozialen System der Organisation Konflikte auftreten, die im systemischen Gesundheitscoaching mitgedacht werden müssen. Das Beispiel von Sarah verdeutlicht am Beispiel des Neinsagens, worum es geht: Wenn sie es aus innerpsychischer Sicht als sinnvoll bewertet, im Rahmen ihrer persönlichen Gesunderhaltung das Neinsagen mehr üben zu wollen, dann kann genau dieses innerhalb der Organisationskultur problematisch bewertet werden.

Systemtheoretisch betrachtet muss die Organisation auf dieses Problem reagieren. Denn genau das macht die Resilienz einer Organisation aus: Sie verfügt über ausreichend Kompetenzen, diesen Konfliktlösungsprozess zwischen psychischem und sozialem System zu initiieren und das Konfliktgeschehen aufzugreifen, um einen Lösungsprozess anzustoßen, der für dieses Problem eine neue, stimmige Lösung findet, mit der alle Seiten zufrieden sind. Gelingt dies, verhält sich die Organisation nicht nur resilient, sondern auch in Bezug auf die Lösungsfindung selbstorganisiert (siehe auch *Autopoiese*, siehe Abschnitt 1.3).

An den Schnittstellen zwischen psychischem, sozialem und organisationalem System treten Konflikte auf, die auf allen Ebenen gelöst werden müssen, um die Gesundheit der ganzen Organisation sicherzustellen.

Im Zeichen der Coronapandemie ist die Notwendigkeit von Organisationen, resilient zu agieren, noch gestiegen. Wir konnten beobachten, wie schwer es der Politik fällt,

Resilienz fördernde Entscheidungen aus einer Metaperspektive heraus zu finden. Das systemisch-ganzheitliche ▶ Resilienzmodell für Organisationen greift diese Fragen auf und versucht, Lösungsansätze aufzuzeigen. Bevor ich dieses Modell vorstelle, möchte ich einen kurzen Überblick über aktuelle Erklärungsansätze und Modelle zu *organisationaler Resilienz* geben.

6.1 Die resiliente Organisation: Ein Überblick über aktuelle Konzepte

Aktuell hat die Idee der resilienten Organisation Hochkonjunktur. So wurde sogar eine ISO-Norm erarbeitet (ISO-Norm 22136:2017; Heller, 2019, S. 135), die festlegt, welche Faktoren gewährleistet sein müssen, damit eine Organisation als resilient gilt. Nach dem DIN-Konzept definiert, gilt eine Organisation als *resilient, wenn sie trotz Krise in der Lage ist, ihre Funktionsfähigkeit aufrechtzuerhalten.* Das Konzept benennt neun Resilienzfaktoren:

- Veränderung antizipieren,
- stetige Verbesserung,
- koordinierte Bereiche,
- verfügbare Ressourcen,
- geteilte Vision,
- Umfeld verstehen,
- ermutigende Führungskräfte,
- Resilienz fördernde Kultur,
- geteiltes Wissen.

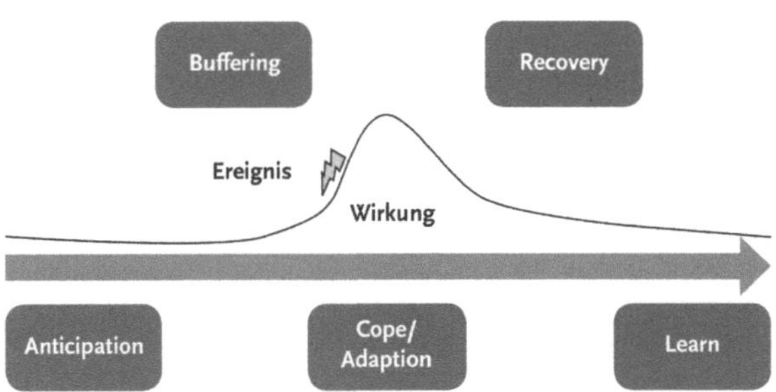

Abb. 24: Phasenmodell Resilienz

Die eigene organisationale Resilienz kann auch mittels eines Fragebogens analysiert werden (Heller, 2019).

Anders als die dargestellte Mischung aus Handlungsvorschlägen (ermutigende Führungskräfte, stetige Verbesserung), die vermutlich eher präventiven Charakter haben, weist eine von der der BAuA in Auftrag gegebene Studie auf den idealen, resilienten Bewältigungsprozess einer sich in der Krise befindlichen Organisation hin: Das Modell von Hartwig, Kirchhoff, Lafrenz und Barth (2016) beschreibt einen idealen Krisenbewältigungsprozess einer Organisation, während und nach der Krise (▸ Resilienzmodell). Die Autoren stellen folgende Phasen auf Grundlage einer umfassenden Literaturanalyse vor (siehe auch Abbildung 24):

- Anticipation = Vorhersehen einer möglichen Störung,
- Buffering = Abpuffern von Störungswirkungen,
- Coping und Adaption = Bewältigungs- und Anpassungsstrategien,

- Recovery = Wiederherstelllung der Funktionsfähigkeit,
- Learn = Lernprozesse im Nachgang der Krise oder Störung.

Andere Autor*innen wie beispielsweise Allenby und Fink (2005) vertreten ein Kompetenzmodell der Resilienz. Ähnlich wie bei der individuellen Resilienz werden Resilienzfaktoren einer Organisation herausgearbeitet, die auf Bewältigungskompetenzen hinweisen:

- Die *Funktionsfähigkeit* des Unternehmens ist gesichert: Die Mitarbeiter*innen können ihre Aufgaben erfüllen.
- In *Veränderungsprozessen* wird gewährleistet, dass die Funktionsfähigkeit erhalten bleiben kann: Veränderungsprozesse sollten auf der sachlich-fachlichen Ebene und auf der zwischenmenschlichen Ebene vorbereitet, begleitet und durchgeführt werden.
- Die *Zukunftsfähigkeit* ist gewährleistet: Ziele, Werte und Visionen sind erarbeitet und kommuniziert.
- *Krisenbewältigung:* Das Wertesystem wird authentisch gelebt und kann als haltgebend genutzt werden. Die Problemlösungsfähigkeiten der Mitarbeiter*innen werden gefördert (Fehlerkultur, Wissensmanagement). Die Führungskräfte behalten einen realistischen Blick für Probleme, Möglichkeiten und Grenzen der Belastung.
- *Lernfähigkeit:* Das Vertrauen untereinander und in die Weiterentwicklung von Ideen wird kontinuierlich gefördert. Mut, Risikobereitschaft und Vorsicht halten sich die Waage. Neues darf ausprobiert werden, Fehler werden ausgewertet, aber nicht bestraft.

Um ein Resilienzkonzept vorzustellen, das neben den bereits erwähnten Bewältigungskompetenzen und Phasenmodellen systemische Grundannahmen integriert, unterscheide ich zwischen Metakompetenzen und Handlungsfeldern von Resilienz in Organisationen. Diese Unterscheidung lehnt sich an die systemische Theorie der *Kybernetik erster und zweiter Ordnung* an.

Die Grundidee der Kybernetik erster Ordnung geht davon aus, dass Systeme direkt durch Interventionen von Berater*innen beeinflussbar sind. Bei der Kybernetik zweiter Ordnung (in Anlehnung an Luhmann) wird aus der Perspektive von Beobachtern eine Unterscheidung getroffen. Während Prozesse in Anlehnung an die Kybernetik erster Ordnung sich auf das *Was* konzentrieren, befasst sich die Kybernetik zweiter Ordnung mit dem *Wie* eines Geschehens.

Eine Organisation in einer Krisensituation agiert nach dem Prinzip Kybernetik zweiter Ordnung, wenn sie sich selbst und ihre Prozesse aus unterschiedlichen Perspektiven beobachtet und analysiert, bevor sie Maßnahmen trifft. Eine Organisation, die nach dem Prinzip Kybernetik erster Ordnung agiert, tritt sofort und ohne Vorab-Reflexion in Aktion. Man geht dann davon aus, dass es für spezifische Situationen richtige und falsche Lösungen gibt. Oft wird daraus blinder Aktionismus. Eine resiliente Organisation (in Anlehnung an die Kybernetik zweiter Ordnung) würde sich mit dem Postulat des Neinsagens und der Notwendigkeit, sich in Phasen der Überlastung abzugrenzen, aktiv auseinandersetzen.

Eine Mitarbeiterin wie Sarah in unserem Beispiel hätte dann einen Teamleiter, der im Rahmen einer Schulung »Gesunde Führung« gelernt hat, auf Belastungsaspekte einzugehen. In Form eines Gesundheitsgesprächs würde er mit Sarah nach passenden Lösungen suchen. Eine resiliente Organisation würde auch strukturell dafür sorgen, dass im Unternehmen Kompetenzen aufgebaut werden, mit denen Belastungsprobleme gelöst werden können. Das können zum Beispiel Schulungen oder Restrukturierungsmaßnahmen sein, die Arbeitsprozesse verbessern.

6.2 Organisationale Resilienz: Das systemisch-ganzheitliche Modell

Das nachfolgend beschriebene systemisch-ganzheitliche Modell der organisationalen Resilienz umfasst die persönliche, soziale, organisationale und gesellschaftliche Ebene von Resilienz. Abbildung 25 stellt die Differenzierung zwischen Metakompetenzen und den entsprechenden Handlungsfeldern dar.

Das Modell unterscheidet zwischen *Metakompetenzen* und *Handlungsfeldern,* in denen Arbeits- und Managementprozesse wirksam und gesunderhaltend umgesetzt werden. Während letztere individuell und kontextbezogen in der Organisation aufgebaut und gestaltet werden, kann sich die Organisation mithilfe der Metakompetenzen situationsübergreifend

Ein systemisches Modell organisationaler Resilienz beinhaltet neben Handlungskompetenzen auch Metakompetenzen.

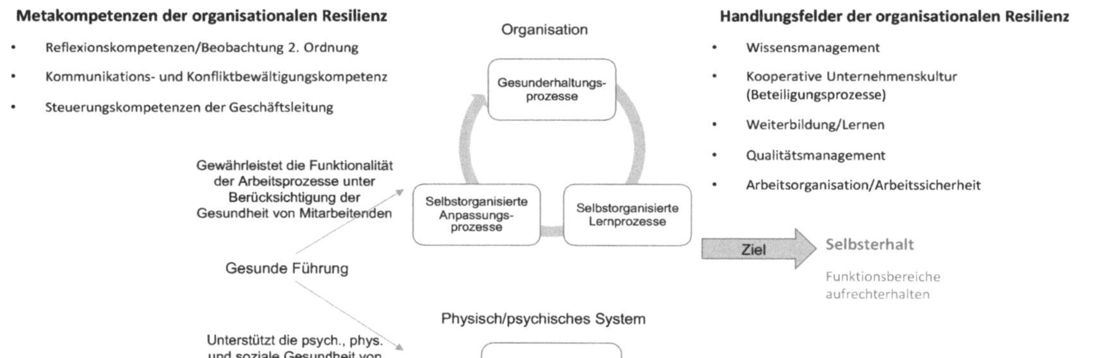

Abb. 25: Systemisch-ganzheitliches Resilienzmodell von Organisationen

vorbereiten, wie sie das jeweilige Handlungsfeld situationsspezifisch ausgestalten möchte. Im Mittelpunkt des Geschehens stehen die Führungskräfte und die Geschäftsleitung, die unterschiedliche Impulse zur Gesunderhaltung aus dem Unternehmen aufgreifen. Dieser Prozess der Verzahnung einzelner psychischer und sozialer Systeme im Unternehmen mit dem sozialen Gesamtsystem »Organisation« kann als autopoietischer Prozess beschrieben werden.

Metakompetenzen, die den (resilienten) Selbsterhaltungsprozess einer Organisation fördern, sind demnach:

- *Reflexionsprozesse,* die Perspektiven aus verschiedenen Richtungen und Beobachtungsebenen gewährleisten (ggfs. mithilfe von Beratung von außen),
- *Kommunikationsprozesse,* die Interessen unterschiedlicher Funktionsbereiche und Rollen der Organisation einbeziehen (auf der Grundlage der Erkenntnis, dass die Organisation an sich nicht wahrnehmen und fühlen kann, sondern dazu die Beiträge psychischer Systeme benötigt),
- Steuerung eines *Anpassungs- und Lernprozesses* (zum Beispiel während und nach der Krise),
- *Steuerungskompetenzen* in der Führungsspitze, die diesen resilienten Bewältigungsprozess steuern können.

Handlungsfelder der Resilienz sind Arbeits- und Managementprozesse, die optimiert und gesundheitsgerecht gestaltet werden können:

- Weiterbildungen, die wichtige Lern- und Weiterentwicklungsprozesse im Unternehmen fördern,
- Prozesse und Strukturen, um *Wissensmanagement* zu garantieren,
- Verbesserungsprozesse, um *Qualitätsmanagement* voranzutreiben,
- Prozesse und Strukturen, die eine *Kultur geprägt von Kooperation und Partizipation* garantieren,
- Prozesse und Strukturen, die *Arbeitssicherheit* und eine gesundheitsförderliche *Arbeitsorganisation* garantieren.

Die gesundheitsgerechte Gestaltung eines Arbeitsbereichs oder eines Managementprozesses ist dann gewährleistet, wenn die Mitarbeiter*innen ergänzend zur Verantwortung für ihren individuellen Gesunderhaltungsprozess mit hoher Wahrscheinlichkeit weder in eine Über- noch in eine Unterforderungssituation geraten.

Eine Hotelkette verzeichnet in der Coronakrise 70 Prozent weniger Gäste als im Vorjahr. Nach einer Phase der Kurzarbeit müssen 30 Prozent der Belegschaft gekündigt werden. Das geplante Weiterbildungsprogramm wird gestoppt. Die verbleibenden Mitarbeiter*innen dürfen vorerst keine Weiterbildungen mehr besuchen.

Um die Überlebensfähigkeit des Unternehmens zu gewährleisten, verzichtet die Geschäftsleitung auf Weiterbildung. Die Hotelkette überlebt, indem sie schrumpft und auf Impulse zur Weiterbildung verzichtet.

Ein Weiterbildungsinstitut darf aufgrund der Infektionsgefahr in der Coronakrise monatelang keine Präsenzveranstaltungen mehr durchführen. Die Geschäftsleitung entscheidet früh, auf Onlinekurse umzustellen, und investiert Tausende von Euro in die Weiterbildung von Mitarbeiter*innen, um deren Digitalkompetenz auszubauen.

Um die Überlebensfähigkeit des Unternehmens zu gewährleisten, investiert die Geschäftsleitung in Weiterbildung. Das Weiterbildungsinstitut überlebt, indem es seinen zentralen Geschäftsbereich, den Seminarbetrieb, digital aufstellt.

Die Weiterbildung steht hier stellvertretend für das relevante, resilient zu gestaltende Handlungsfeld. Die Metakompetenzen »Reflexion«, »Kommunikation«, »Anpassung und Lernen« sowie »Steuerung« haben den Organisationen geholfen, den für sie passenden Weg aus der Krise zu finden.

»Wissensmanagement«, »kooperative Unternehmenskultur«, »Weiterbildung/Lernen«, »Qualitätsmanagment« und »Arbeitsprozesse/Arbeitssicherheit« sind die Handlungsfelder einer Organisation, in denen Gesunderhaltungsprozesse gestaltet werden können. Das Betriebliche Gesundheitsmanagement als etablierter Prozess im Unternehmen hat die Aufgabe, für diese Steuerung und Weiterentwicklung hin zur gesunden, resilienten Organisation zu sorgen. Bleibt offen, wie es gelingen kann, die Gesunderhaltungsprozesse auf der Ebene der Organisation mit den Gesunderhaltungsprozessen auf der individuellen und Teamebene zu verzahnen. Im folgenden Abschnitt werden wir sehen, wie das aussehen kann.

6.3 Stellschrauben kennen und nutzen: Veränderungsebenen der gesunden Organisation

Was kann eine Organisation tun, um ihre Resilienz zu stärken? In vielen Praxisbeispielen ist bereits deutlich geworden, dass ein nachhaltiger Erfolg bei persönlichen Gesunderhaltungsprozessen in Organisationen davon abhängig ist, ob Impulse von der Team- und Führungsebene bzw. von der organisational-strukturell-kulturellen Ebene der Organisation aufgegriffen werden können. Nur dann, wenn sich die Systemebenen verzahnen und die jeweiligen Widersprüche und Differenzen gemeinsam gelöst werden, entwickelt sich die gesamte Organisation in Richtung Resilienzaufbau. Hinweise und Impulse in Form von Problemen entstehen in diesem Zusammenhang auf unterschiedlichen Ebenen. Abbildung 26 zeigt die verschiedenen Ebenen, auf denen Probleme sichtbar werden und auf denen dann Problemlösungsimpulse angestoßen werden können.

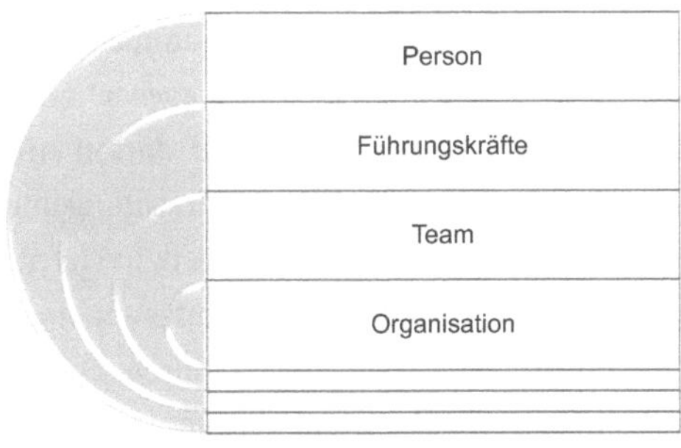

Abb. 26: Ebenen der Veränderung

Aus der Perspektive der Organisationsentwicklung betrachtet, treten Problemthemen in unterschiedlichen Variationen auf allen vier Ebenen der Organisation auf. Ein Belastungsproblem wird persönlich wahrgenommen und macht sich gleichzeitig auf der Ebene der Teamarbeit, des Führungsverhaltens und der Organisation bemerkbar. Für Betroffene sind diese Zusammenhänge nicht immer sofort sichtbar, aber für externe Berater*innen wird diese Verzahnung meist mehr als deutlich. Die Auftraggeber*innen, Geschäftsführung, Einzelpersonen, Teams oder Führungskräfte registrieren manchmal erst im Laufe der Beratung, dass beispielsweise ein Burn-out-Problem, das sich zunächst nur auf der individuellen Ebene manifestiert, auch das Team und die anderen Ebenen betrifft. Manchmal nehmen sie diese Zusammenhänge gar nicht wahr und blenden sie aus. In einigen Situationen ist eine umfassende Problemlösung auf allen Ebenen gleichzeitig auch nicht möglich, weil andere Veränderungsprozesse und Notwendigkeiten die ganzheitliche Problemlösung nicht erlauben. Wer als Gesundheitscoach*in auf einer der Ebenen beauftragt wird und die Problemzusammenhänge nach und nach wahrnimmt, kann die Auftraggeber*innen jedoch dahingehend sensibilisieren und darauf hinweisen, welche Vorteile die ganzheitliche Betrachtung und Problemlösung bringt. Es darf erklärt werden, inwiefern Problemlösungsansätze, die alle Ebenen umfassen, nachhaltiger und wirkungsvoller zu Lösungen führen. Das folgende Beispiel erläutert die Zusammenhänge auf den vier Ebenen der Veränderung.

Ebene der Person

Einzelpersonen des Unternehmens oder der Organisation erleben Beeinträchtigungen ihrer psychischen, physischen oder sozialen Gesundheit und suchen nach Lösungen. Häufig wird jetzt ein*e Gesundheitscoach*in beauftragt.

Im oben erwähnten Beispiel lernt Sarah Meier im Gesundheitscoaching, sich abzugrenzen und Nein zu sagen, wenn sie sich von der Arbeitsmenge überfordert fühlt.

Ebene der Führung

Themen rund um Gesundheit am Arbeitsplatz korrespondieren mit der Art und Weise, wie die Führungskultur einer Organisation mit Gesundheitsthemen umgeht. Die jeweilige Führungskultur und das damit verbundene Führungsverhalten tabuisiert vielleicht ein Belastungsproblem. Eventuell geht die Führung mit Gesundheitsproblemen auch offen und konstruktiv um. Im Sinne der bereits ausgeführten Idee der strukturellen Kopplung entstehen hier gegebenenfalls Konflikte und Reibungspunkte, die überwunden werden müssen, um zu guten Lösungen zu kommen.

Sarahs Teamleiter wundert sich über ihr Verhalten und führt mit ihr ein Gespräch, um die Hintergründe der Verhaltensänderung einordnen zu können. Wenn er das Gespräch systemisch-lösungsorientiert und gesundheitsfördernd führt, wird er versuchen, die Belastungssituation zu verstehen und mit Sarah ggfs. Alternativen zum Neinsagen erarbeiten.

Ebene des Teams

Hier geht es um Teamregeln und Teamverhalten im Umgang mit Belastung und Krankheit. Unterstützen die Kolleg*innen eine belastete Person? Oder ist das Team selbst schon lange überlastet, weil Kolleg*innen nach Meinung der Führung Krankheitsausfälle selbstverständlich kompensieren und mittragen sollen?

Auch die Kolleg*innen reagieren möglicherweise auf das veränderte Verhalten von Sarah. Sollte es infolgedessen zu Konflikten kommen (eventuell fühlen sich andere im Team gestört oder reagieren auf Sarahs Abgrenzung verärgert, weil sie dann selbst mehr Arbeit übernehmen müssen), obliegt es der Verantwortung des Teamleiters, dafür zu sorgen, dass dieser Konflikt konstruktiv im Team geklärt werden kann.

Ebene der Organisation

Auf dieser Ebene können Arbeitsprozesse und Arbeitsabläufe hinsichtlich eines Optimierungs- oder Abstimmungsbedarfs, aber auch im Hinblick auf eine Über- oder Unterforderungssituation analysiert werden.

Sarahs Arbeitgeber, die Krankenkasse, könnte mithilfe der Gefährdungsbeurteilung psychischer Erkrankungen präventiv vorgehen, um Überlastungssituationen rechtzeitig zu vermeiden.

Für die zweite, dritte und vierte Ebene benötigt die Organisation spezifische, gesundheitsförderliche Kompetenzen, die betrieblicherseits aufgebaut werden müssen, wenn die Organisation resilient werden möchte (siehe auch *BGM-Prozess* im nächsten Abschnitt). Auf der Ebene der Führung könnte das eine Schulung »Gesunde Führung« sein, auf der Ebene des Teams sind Konfliktlösungskompetenzen gefragt. Auf der Ebene der Organisation helfen Know-how des Arbeits- und Gesundheitsschutzes (insbesondere zur Durchführung von Gefährdungsanalysen) sowie Kompetenzen des Industrial Engineerings oder der Refa-Technik.

Auch wenn der*die Gesundheitscoach*in wahrscheinlich keine Möglichkeit hat, die Ebenen »Führung« und »Organisation« zu beeinflussen, oft auch nicht die Ebene »Team«, so ist es doch wichtig, das Zusammenspiel zu erkennen, um im Beratungsprozess wichtige Hinweise aufzuzeigen, an welchen Stellschrauben außerhalb der einzelnen Person weitergearbeitet werden sollte, um zu guten Lösungen zu kommen. Mithilfe von zirkulären Fragen und der Methode des Perspektivwechsels kann es gelingen, andere Beobachtungsperspektiven mit einzubeziehen. »Was würde Ihr Chef sagen, wenn er jetzt hören könnte, dass Sie sich vornehmen, in Zukunft öfter Nein zu sagen?« kann eine wichtige zirkuläre Frage sein, die kulturell-organisationale Aspekte erkennen lässt.

In Unternehmen und Organisationen, die ein Betriebliches Gesundheitsmanagement (BGM) installiert haben, stehen Gesundheitscoach*innen meistens folgende Ansprechpartner*innen zur Verfügung:

- BEM-Manager*in bzw. BEM-Koordinator*in,
- BGM-Manager*in,

- Fachkraft für Arbeitssicherheit,
- externe Mitarbeiter*innen-Beratung oder innerbetriebliche Sozialberatung.

Ein Unternehmen, das alle vier Ebenen der Veränderung im Blick behalten möchte, wenn es darum geht, als gesamte Organisation gesund und resilient zu werden und zu bleiben, sollte dafür einen Managementprozess aufsetzen. Der BGM-Prozess bietet ähnlich wie andere Prozesse im Betrieb (Qualitätsmanagement, IT-Prozesse, Leanprozesse etc.) die Möglichkeit, alle Veränderungshebel zu nutzen, die der Organisation zur Verfügung stehen. In diesem Fall muss der Auftrag von der Geschäftsführung oder einer anderen obersten Entscheidungsebene ausgehen. Ein BGM-Prozess ist ein Top-down-Prozess, der, wie in Abbildung 27 dargestellt, umgesetzt werden kann.

Ausgehend von der Geschäftsleitung wird eine Projektgruppe installiert, die den weiteren Prozess leitet. Es sollte gewährleistet sein, dass die Steuerungsgruppe mit Vertreter*innen höherer Führungskräfte, der Mitarbeiter*innen-Vertretung und mit Fachkräften der Arbeitssicherheit und des Betrieblichen Gesundheitsmanagements besetzt ist. Im Anschluss an eine fundierte Gesundheitsanalyse können Maßnahmen geplant werden, die auf allen Ebenen der Organisation ansetzen. Ein Gesundheitscoaching fügt sich als ein wichtiger Baustein in den Kanon der Maßnahmen ein. Auch ein Projekt zur Durchführung der Gefährdungsanalyse psychischer Belastungen oder das ► Betriebliche Eingliederungsmanagement dienen als Maßnahmen auf der Team- und Führungsebene.

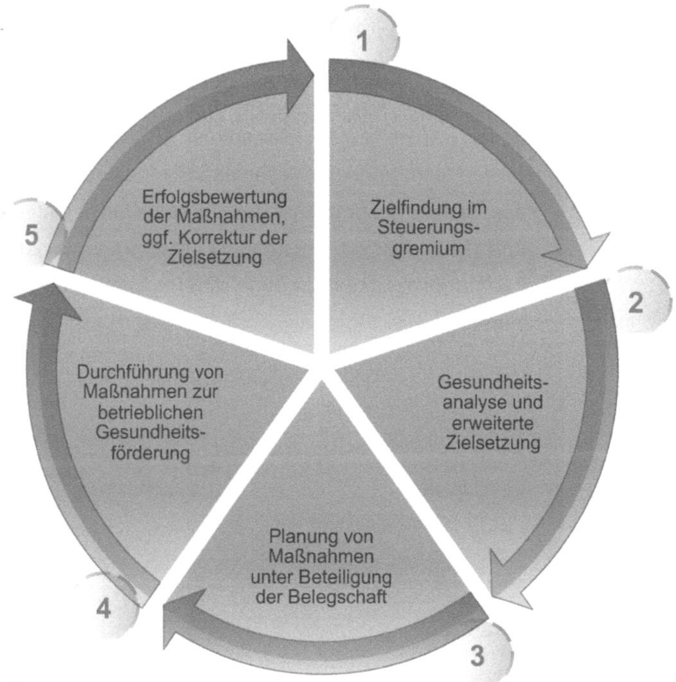

Abb. 27: BGM-Zyklus

Zusammenfassung

Maßnahmen des Gesundheitscoachings sollten mit anderen Prozessen und Strukturen der Organisation verknüpft werden. Das Konzept der organisationalen Resilienz gibt Hinweise, wo angesetzt werden kann, wenn individuelle und teambezogene mit organisationalen Veränderungen der Gesunderhaltung verbunden werden sollen. Hier spielen Führungskräfte als Vertreter*innen der Organisation eine besondere Rolle. Der*die Gesundheitscoach*in sollte betriebliche Unterstützungssysteme kennen, um im Rahmen des Coachingprozesses auf den Transfer hinweisen zu können.

7 Das Unternehmen als sicherer Ort: Ein Nachwort

Leben heißt Veränderung. Das trifft auch auf unsere Gesundheit zu. Im Laufe eines Lebens erleben wir unterschiedliche Phasen von Gesundheit, Krankheit, psychischer Stabilität und Labilität. So belegen Statistiken, dass Menschen ab Mitte fünfzig häufiger psychisch erkranken als jüngere Altersgruppen. Es wäre wünschenswert, wenn Unternehmen und Organisationen sich zukünftig auf lebensphasenbedingte Belastungsthemen rechtzeitig einstellen und Maßnahmen anbieten, mit denen Mitarbeiter*innen jeder Altersgruppe lernen, sich auf ihre Stärken zu konzentrieren, um Schwächen und Belastungspunkte resilient ausgleichen zu können. Hier kann Gesundheitscoaching einen wichtigen Beitrag leisten, damit Mitarbeiter*innen sich passgenaue, individuelle Lösungswege erarbeiten können.

Und die Welt um uns herum verändert sich ebenfalls ständig. Zur Zeit erleben wir einige Veränderungen in unserer Umwelt, die wir als krisenhaft wahrnehmen. Die

Auswirkungen der Coronapandemie zeigen deutlich, wie schnell eine wirtschaftliche und soziale Stabilität wanken kann, wenn Social Distancing unser Arbeits- und Privatleben verändert.

Vielen von uns macht das Angst. Umso wichtiger wird es auch in Zukunft sein, Stabilität und Sicherheit aus sich selbst zu gewinnen. Unternehmen und Organisationen können hier einen wichtigen Beitrag leisten, indem sie Impulse für mehr Gesundheit am Arbeitsplatz geben.

Für die Zukunft wünsche ich mir, dass wir als einzelne Menschen, die am Arbeitsplatz und im Privatleben Höhen und Tiefen erleben, lernen, unsere psychische, physische und soziale Gesundheit ernst zu nehmen. Auf die eigenen Bedürfnisse zu hören und zu versuchen, sie mit den Bedürfnissen anderer zu vereinbaren, ist eine hohe Kunst. Im Miteinander und im Umgang mit sich selbst eine stimmige Balance zu finden, kann herausfordernd und manchmal überfordernd sein. Es wäre schön, wenn dieses Ringen um die jeweils stimmigen Balancen ohne übertriebenen Perfektionismus und stattdessen mit mehr Humor und Gelassenheit gelingen könnte.

Das Unternehmen der Zukunft ist gesund. Idealerweise werden dort gesundheitsgerechte Arbeitsplätze eingerichtet, eine gesundheitsgerechte Führungskultur entwickelt sowie Maßnahmen der betrieblichen Gesundheitsförderung erarbeitet, die Mitarbeiter*innen die Möglichkeit geben, sich an ihrem Arbeitsplatz sicher und wohl zu fühlen. Dieses Gefühl innerer Sicherheit und psychischer Gesundheit hilft uns, mit unsicheren Phasen unseres

Lebens besser umzugehen. Anders ausgedrückt: Je unsicherer die Welt um uns herum erscheint, desto wichtiger ist es, dass wir dort für Stabilität sorgen, wo wir gerade leben und arbeiten. Sicherheit und Stabilität entstehen nicht nur durch die Abwesenheit von Krisen und Krankheiten, sondern auch durch gesundheitsförderliche Rahmenbedingungen und sozial unterstützende Beziehungen sowie durch eine innere Grundhaltung, die von Akzeptanz, Mitgefühl und Selbstmitgefühl geprägt ist. Und als positiver Nebeneffekt macht diese innere Sicherheit Menschen leistungsfähiger.

Als Gesundheitscoach*in leisten Sie einen wichtigen Beitrag für Mitarbeiter*innen und Führungskräfte, den für sie passenden Weg zur individuell-stimmigen Gesundheit zu finden. Ich wünsche Ihnen viel Freude dabei.

Danksagung

Dieses Buch lebt von vielen Beispielen. Die dort handelnden Personen sind alle frei erfunden. Gleichwohl möchte ich allen Kund*innen danken, die mir in unzähligen Gesprächen ihr Vertrauen geschenkt haben, wenn sie mit mir über ihre persönliche und berufliche Gesundheitssituation gesprochen haben. Die Einblicke und Lernerfahrungen, die ich dort kennenlernen durfte, haben mich sehr bereichert.

In erster Linie danke ich meinem Mann Stefan für seine Unterstützung und Geduld an all den Tagen, die ich am Schreibtisch verbracht habe. Und ich bin meiner Familie und meinen Freunden dankbar, die mich tagtäglich darin unterstützen, auch meine eigene Gesundheit zufrieden und glücklich auszubalancieren.

Glossar

Betriebliches Eingliederungsmanagement (BEM)
Langzeiterkrankungen in Betrieben und Organisationen sind seit vielen Jahren ein dringendes Problem. Daher hat der Gesetzgeber im Jahre 2004 das vorher bestehende Integrationsgesetz aufgegriffen und das Gesetz zum Betrieblichen Eingliederungsmanagement verabschiedet. Seitdem wird das BEM, wie das Gesetz und auch das Verfahren umgangssprachlich genannt werden, in vielen Organisationen eingeführt, um die Eingliederung länger erkrankter Mitarbeiter*innen effektiver zu gestalten. Das BEM ist zwar ähnlich wie die Gefährdungsbeurteilung ein in sich geschlossener und relativ festgelegter Prozess, gehört als solcher aber mit in ein Betriebliches Gesundheitsmanagement. Sowohl das BEM als auch die Gefährdungsbeurteilung werden im BGM-Prozess der Betrieblichen Gesundheitsförderung (BGF) zugeordnet.

Das Betriebliche Eingliederungsmanagement (BEM) beruht auf § 84 (2) SGB IX. Dieses Gesetz bietet allen Arbeitnehmer*innen, die innerhalb eines Jahres ununterbrochen oder wiederholt sechs Wochen oder länger erkrankt sind, die Möglichkeit, sich bei der Wiedereingliederung vom Betrieb unterstützen zu lassen. Der Gesetzgeber sieht ein freiwilliges Verfahren vor. Der*die erkrankte Mitarbeiter*in soll selbst entscheiden können, ob er*sie ein BEM in Anspruch nehmen möchte oder nicht, ohne negative Konsequenzen seitens des Betriebs befürchten zu müssen.

Beim BEM steht die Wiedereingliederung langzeiterkrankter Mitarbeiter*innen im Vordergrund. Man geht davon aus, dass die Arbeits- und Beschäftigungsfähigkeit von Mitarbeiter*innen bei langen Ausfallzeiten sinkt, denn im Falle langer Ausfallzeiten liegt meistens eine dauerhafte physische oder psychische Einschränkung der Mitarbeiter*innen vor, sodass diese die ursprünglichen Arbeitsanforderungen nicht wie gewohnt bewältigen können. Zwei Aspekte stehen dabei im Fokus: einmal die Erkrankung selbst und zweitens die Belastungen, die durch die Tatsache entstehen, dass jemand am Arbeitsplatz lange ausfällt. Von dieser Art von Belastung sind in der Regel sowohl die Erkrankten selbst als auch das Team, mit dem sie arbeiten, betroffen. In diesen Fällen soll das BEM überprüfen, ob die Arbeitsbedingungen an die neue, möglicherweise geminderte Leistungsfähigkeit des*der Mitarbeiter*in neu anzupassen sind.

Biomedizinisches Modell
Das Gesundheitsverständnis Anfang des 20. Jahrhunderts stand unter dem Einfluss eines naturwissenschaftlichen Verständnisses und des damit verbundenen biomedizinischen Krankheitsmodells. Demnach wird der menschliche Körper mit einer Maschine verglichen. Krankheitssymptome in Form von körperlichen Beschwerden, aber auch psychische Auffälligkeiten werden nach diesem Modell als Defekte beschrieben. Entscheidend für deren Behandlung ist die Analyse eines solchen Defekts, um darauf aufbauend nach Behandlungsmöglichkeiten zu suchen. Ein Mensch ist also dann krank, wenn anatomische oder physiologische Veränderungen festgestellt werden können. Das biomedizinische Krankheitsmodell hat zu großen Erfolgen bei der Behandlung von Stoffwechselstörungen oder bei der Bekämpfung von Infektionskrankheiten geführt.

Biopsychosoziales Modell
Das biopsychosoziale Modell geht davon aus, dass der Mensch durch die Art und Weise, wie er sich selbst und Umwelteinflüsse wahrnimmt, Erkrankungen und Gesundungsprozesse positiv oder negativ beeinflusst. Psychische Erkrankungen werden demnach als Beeinträchtigung der Körper-Seele-Einheit betrachtet, die sich dann auf den gesamten sozialen Lebenskontext auswirkt. Im Unterschied zur Theorie der sozialen Systeme von Luhmann differenziert dieser Ansatz von Engel (1977) die Funktionsweise der einzelnen Systeme und deren Kooperation nicht weiter aus.

Burn-out und Depression
Um in der Psychotherapie den Unterschied zwischen Depression und Burn-out zu beachten, gilt es, Folgendes zu berücksichtigen:

Die depressive Person realisiert keine Sinnsetzung mehr und verbleibt im Sinnlosen (als einer Art Sinn). Die Ursachen liegen in einem von ihr erfahrenen zugefügten Entzug von Wert und Relevanz. Die burn-out-depressive Person dagegen sieht, dass sie selbst nicht mehr das kann, was sie meint, eigentlich können zu wollen oder zu müssen. Sie scheitert an den eigenen, überfordernden Zielen.

Sowohl im Gesundheitscoaching als auch in der psychotherapeutischen Behandlung von Burn-out geht es darum, das Nein, die Negation, die Abgrenzung in Form von Verlangsamung, Reduktion, Langeweile und Müßiggang einzuführen. In der Psychotherapie der Depression ist es dagegen notwendig, Nein, Negation und Abgrenzung in Form von Aktivität, Wut und Kampf einzuführen (Hinweis: Formal gesehen ist ein*e Gesundheitscoach*in nicht befugt, eine Depression zu behandeln, da die Behandlung psychischer Erkrankungen den Psychotherapeut*innen vorbehalten ist).

Burn-out kann also sowohl im Gesundheitscoaching als auch in der Psychotherapie behandelt werden, da es sich nicht um eine anerkannte psychische Erkrankung handelt. Eine Depression darf nur in der Psychotherapie bzw. in der Psychiatrie von approbierten Fachkräften behandelt werden. Mit der Zusatzdiagnose Z 73[6] findet auch ein Burn-out in der Kombination mit einer anderen Hauptdiagnose Einzug in die Abrechnung mit dem Krankenkassensystem.

Geteilte Verantwortung

Aus systemischer Sicht und im Sinne einer geteilten Verantwortung ist davon auszugehen, dass alle einen Beitrag und somit auch eine Verantwortung für das Gelingen eines Gesunderhaltungsprozesses leiten und mittragen: Mitarbeiter*innen, Führungskräfte (als physisches und psychisches System) und das Unternehmen als soziales System.

Innerer Antreiber

Das Modell der »Inneren Antreiber« geht auf den Begründer der Transaktionsanalyse Eric Berne und andere Autoren wie Barbara Berkhan und Taibi Kahler zurück. Vor allem Kahler (1974) beschrieb, wie innere Glaubenssätze, sogenannte *Miniskripte,* oft unbewusst wirken und inneren Stress erzeugen. Mittlerweile kursieren viele Variationen des Antreibermodells. Berne und Kahler identifizierten fünf Antreibersätze: »Sei perfekt«, »Streng dich an«, »Mach es allen recht«, »Sei schnell« und »Sei stark«. Berkhan (2003) kombinierte Ansätze

6 https://www.icd-code.de/icd/code/Z73.html.

des Inneren Teams mit der Idee der Inneren Antreiber und schlug eine Reflexion mit dem »Inneren Kritiker«, dem »Inneren Antreiber«, dem »Inneren Kind« und dem »sachbezogenen Selbst« vor.

Inneres Team

Die Metapher des Inneren Teams findet in der Beratungspraxis seit vielen Jahren Anklang, wenn es darum geht, psychische Konfliktsituationen oder ambivalente Entscheidungsprozesse zu stimmigen Lösungen zu führen. Auch im Vorfeld schwieriger Gesprächssituationen hat es sich bewährt, ein Bewusstsein dafür zu erlangen, was in einem vorgeht und wie sich dieses innere Geschehen auf den äußeren Gesprächsverlauf auswirkt. Eine Grundannahme im Modell des Inneren Teams ist die innere Pluralität der menschlichen Persönlichkeit. Die Reaktion auf einen Menschen, ein Ereignis oder eine anstehende Entscheidung ist häufig nicht eindeutig und klar, denn der Mensch ist mit sich selbst selten im Reinen. Oft melden sich vielfältige und widersprüchliche innere Stimmen, die in ihrer Gesamtheit das Innere Team darstellen. Beim Erheben des Inneren Teams geht es somit darum, die einzelnen Teammitglieder, also die widerstrebenden Kräfte, in eine Kooperation zu bringen, deren Produkt kraftvoller und angemessener sein wird, als wenn nur eine Stimme allein das Sagen hätte.

ISO-Norm 10075

Die Arbeitsgruppe des Internationalen Normenausschusses Ergonomie (ISO TC 159) hat für die Arbeitswelt die ISO-Norm 10075 mit dem Titel »Ergonomische Grundlagen psychischer Arbeitsbelastung« erarbeitet. Demnach ist eine psychische Belastung die Gesamtheit aller erfassbaren Einflüsse, die von außen auf den Menschen zukommen und psychisch auf ihn einwirken. Mit »psychisch« wiederum ist all das gemeint, was unser Denken, Fühlen und Handeln umfasst. Davon abgesehen haben Expert*innen des Arbeitsschutzes immer wieder versucht, gefährliche Belastungsfaktoren auch objektiv und personenunabhängig zu erfassen. Das Ergebnis kann man in allen Vorlagen der vom Arbeitsschutz vorgeschriebenen Gefährdungsbeurteilungen nachlesen, in denen man Bereiche benannt hat, in denen psychische Belastungsfaktoren auftreten könnten: Das sind die jeweilige Arbeitsaufgabe, die Arbeitsorganisation rund um die Tätigkeit, die sozialen Arbeitsbeziehungen und die Art und Weise, wie die Rahmenbedingungen des jeweiligen

Jobs und auch der ganzen Firma beschaffen sind. Laut DIN-Norm des Arbeitsschutzes ist der Begriff »Belastung« völlig neutral. Je nachdem, ob sich eine Belastung negativ oder positiv beim einzelnen Menschen bemerkbar macht, spricht man von positiven oder negativen Beanspruchungsfolgen.

Resilienzmodell für Organisationen nach Hartwig et al. (2016):

- *Antizipation:* Antizipation bezieht sich auf das Vorhersehen einer möglichen Störung, findet also noch vor Eintritt des eigentlichen Ereignisses statt. Hier ist zum Beispiel an das intensive Überwachen von progressiven Prozessen wie Materialverschleiß zu denken, bei denen ein funktionsbedrohender Zustand schon anhand kleinerer, an sich harmloser Abweichungen antizipiert wird. Die eigentliche Störung kann nun idealerweise durch frühzeitiges Einwirken proaktiv verhindert werden.
- *Buffering:* Buffering als Abpuffern von Störungseinwirkungen erfolgt unmittelbar nach der Störung, aber noch vor der vollständigen Wirkungsentfaltung. Ein Beispiel für Pufferstrategien ist das Zurückhalten von Personalressourcen in Form von Springer*innen innerhalb einer Produktionslinie. Störungen in Form von Fehlern oder Ausfällen können nicht komplett verhindert werden. Stattdessen wird aber die potenzielle Wirkung der Störung (Stillstand der gesamten Linie) verhindert bzw. abgepuffert, sodass der Prozess unbeeinträchtigt bleibt.
- *Coping und Adaption:* Die weitgehend deckungsgleich verwendeten Begriffe »Coping« und »Adaption« beziehen sich auf das Handhaben einer akut entfalteten Störungswirkung. Hier geht es beispielsweise um das Managen von nicht kompensierbaren Lieferschwankungen durch flexible kurzfristige Anpassung der Produktionsprozesse. Erfolgreiches Copen/Adaptieren liegt vor, wenn die Funktionalität der Organisation auch unter akuter Störungswirkung weitgehend intakt bleibt.
- *Recovery:* Der Begriff »Recovery« bezieht sich auf Handlungen, die die Funktionalität einer Organisation nach deren Beeinträchtigung durch eine Störung/Schwankung wiederherstellen sollen. Maßnahmen, die der Phase der Recovery zugeordnet werden können, werden besonders im Rahmen finanzwirtschaftlich orientierter Arbeiten betont, in denen Ressourcenknappheit (zum Beispiel im Rahmen von Wirtschaftskrisen) zwangsläufig Systemout-

comes beeinträchtigt, also nur wenige Möglichkeiten bestehen, die Störungen zu puffern oder zu copen. Stattdessen soll sichergestellt werden, dass die Organisation nach Normalisierung des Ressourcenstroms möglichst wieder handlungsfähig wird.

- *Learn:* Dieser Begriff bezieht sich auf das Anpassen von Organisation und Prozessen nach Abklingen der Störungswirkung. Bei zeitlich begrenzten Störungen dienen Lernprozesse also weniger der Bewältigung der bereits geschehenen Störung, sondern beziehen sich auf noch aufkommende. Bei zeitlich längerfristigen Veränderungen und auf einer höheren Abstraktionsebene beinhaltet diese Klasse der Resilienz steigernden Handlungen auch das Gebiet des *Organizational Change* als einer einmaligen oder fortlaufenden Anpassung der Gesamtorganisation an veränderte und verändernde Umweltbedingungen.

Selbstwirksamkeit

Selbstwirksamkeit (»self-efficacy«) wurde als Begriff von Albert Bandura in den 1960er Jahren geprägt. Damit ist die Fähigkeit von Menschen gemeint, davon überzeugt zu sein, schwierige Situationen aus eigener Kraft bewältigen zu können (siehe dazu auch Bandura, 1997).

Somatische Marker

Der Begriff »somatische Marker« geht auf Antonio Damasio (1995) zurück. Gemeint sind Körpersignale, die im Rahmen von Entscheidungsprozessen deutlich wahrgenommen werden. Man beschreibt sie auch als Bauchgefühl. Neurobiologisch gesehen werden all unsere Erfahrungen in unserem Körper gespeichert.

Tetralemma

Im Gesundheitscoaching kann ein Dilemma mittels einer Aufstellung im Raum nach dem Tetralemmaprinzip erarbeitet werden. Das Tetralemma nach Sparrer und Varga von Kibéd (2010) beschreibt anstelle der zwei Dilemmapositionen vier Positionen:

- A und nicht B — das eine
- B und nicht A — das andere
- A und B — beides
- weder A noch B — keins von beiden

Literatur

Antonovsky, A., Franke, A. (1997). Salutogenese. Zur Entmystifizierung der Gesundheit. Tübingen: Dgvt-Verlag.

Allenby, B., Fink, J. (2005). Toward Inherently Secure and Resilient Societies. Science, 309 (5737), 1034–1036.

Badura, B., Ducki, A., Schröder, H., Klose, J., Meyer, M. (Hrsg.) (2020). Fehlzeitenreport 2019 – Digitalisierung – gesundes Arbeiten ermöglichen. Berlin/Heidelberg: Springer-Verlag.

Bandura, A. (1997). Self-Efficacy. The Exercise of Control. New York: Worth Publishers.

Berkhan, B. (2003). Die etwas gelassenere Art, sich durchzusetzen. München: Heyne Verlag.

Berne, E. (1983). Was sagen Sie, nachdem Sie »Guten Tag« gesagt haben? Psychologie des menschlichen Verhaltens. Frankfurt a. M.: Fischer.

Hartwig, M., Kirchhoff, B., Lafrenz, B., Barth, A. (2016). Psychische Gesundheit in der Arbeitswelt. Organisationale Resilienz. https://www.baua.de/DE/Angebote/Publikationen/Berichte/F2353-5.pdf?__blob=publicationFile&v=5 (Zugriff am 21.01.2021).

Christakis, N., Fowler, J. H. (2010). Connected: Die Macht sozialer Netzwerke und warum Glück ansteckend ist. Frankfurt a. M.: S. Fischer.

Damasio, A. R. (1995). Descartes' Irrtum. Fühlen, Denken und das menschliche Gehirn. München/Leipzig: List.

Dilling, H., Mombour, W., Schmidt, M. H., Schulte-Markwort, E. (Hrsg.) (2016). Internationale Klassifikation psychischer Störungen. ICD-10 Kapitel V (F). Diagnostische Kriterien für Forschung und Praxis (6. Aufl.). Göttingen: Hogrefe.

Egger, J. W. (2017). Theorie und Praxis der biopsychosozialen Medizin: Körper-Seele-Einheit und sprechende Medizin. Wien: Facultas.

Engel, G. L. (1977). The Need for a New Medical Model: A Challenge for Biomedicine. Science, 196 (4286), 129–136.

Greif, S. (2008). Coaching und ergebnisorientierte Selbstreflexion. Göttingen: Hogrefe.

Heller, J. (Hrsg.) (2019). Resilienz für die VUCA-Welt, Individuelle und organisationale Resilienz entwickeln. Wiesbaden: Springer.

Horx, M. (2011). Das Buch des Wandels. München: Pantheon Verlag.

Kahler, T. (1974). The Miniscript. Transactional Analysis Journal, 4 (1), 26–42.

Karasek, R. A. (1979). Job Demands, Job Decision Latitude, and Mental Strain: Implications for Job Redesign. Administrative Science Quarterly, 24 (2), 285–308.

Leibniz-Institut für Resilienzforschung Mainz (LIR Mainz) (o. D.). Stichwort »Resilienz«. www.lir-mainz.de/resilienz (Zugriff am 07.12.2020).

Luhmann, N. (1984). Soziale Systeme, Grundriss einer allgemeinen Theorie. Frankfurt a. M.: Suhrkamp.

Luhmann, N. (1992). Die Wissenschaft der Gesellschaft. Frankfurt a. M.: Suhrkamp.

Luhmann, N. (1998). Die Gesellschaft der Gesellschaft (2. Bd.). Frankfurt a. M.: Suhrkamp.

Maturana, H. R., Varela, F.J. (1987). Der Baum der Erkenntnis. Die biologischen Wurzeln des menschlichen Erkennens. Bern et al.: Scherz.

Montano, D., Reeske-Behrens, A., Franke, F. (2016). Psychische Gesundheit in der Arbeitswelt. Führung. https://www.baua.de/DE/Angebote/Publikationen/Berichte/F2353-2a.pdf?__blob=publicationFile&v=5 (Zugriff am 22.01.2021).

Müller, G. (2003). Systemisches Coaching im Management. Weinheim: Beltz.

Rigotti, T., Holstad, T., Mohr, G., Stempel, C., Hansen, E., Loeb, C., Isaksson, K., Otto, K., Kinnunen, U., Perko, K. (2014). Rewarding and sustainable health-promoting leadership. https://www.uvb-online.de/de/system/files/downloads_und_vorschaubilder/gesund_dank_chef_baua-studie_zu_gesundheitsfoerderlicher_fuehrung.pdf (Zugriff am 21.01.2021).

Roth, G., Ryba A. (2019). Coaching, Beratung und Gehirn. Stuttgart: Klett-Cotta.

Scharnhorst, J. (2012). Burnout, Präventionsstrategien und Handlungsoptionen für Unternehmen. Freiburg: Haufe.

Schmidt, G. (2019). Liebesaffairen zwischen Problem und Lösung. Heidelberg: Carl-Auer, 2019.

Schulz von Thun, F. (2005). Miteinander reden, Bd. 3: Das ›Innere Team‹ und situationsgerechte Kommunikation. Reinbek: Rowohlt.

Sparrer, I., Varga von Kibéd, M. (2010). Ganz im Gegenteil. Tetralemma und andere Grundformen systemischer Strukturaufstellungen. Heidelberg: Carl-Auer.

Thielhorn, U. (2008). Gesundheitsförderung nach dem Modell der Salutogenese. In R. Bäumer, A. Maiwald (Hrsg.), Onkologische Pflege (S. 18–20). Stuttgart/New York: Thieme.

Zander, U. (2010). Das David Geheimnis. Zürich: Orell Füssli Verlag.